L'AMI DE COUR;

COMÉDIE
EN CINQ ACTES ET EN VERS;

PAR UN ANCIEN MILITAIRE.

A VALENCE;

Chez MARC AUREL, Imprimeur-Libraire, grand'rue.

―――――

AN IX.

NOMS DES PERSONNAGES.

Le Marquis FLORIMAN.

Milord MUREL.

Le Duc D'ALVAR.

LINCOLN pere, *ami de Murel.*

LINCOLN fils, *sous le nom de Verton.*

SOPHIE, *fille de Murel.*

MONLOR, *chevalier de St.-Louis, écuyer d'Alvar.*

UN DOMESTIQUE.

Plusieurs protégés de Floriman, *personnages muets.*

La Scene est dans un palais commun à Floriman et à Murel.

AVIS DE L'EDITEUR.

Cet ouvrage était imprimé long-tems avant la révolution, on jugera facilement pourquoi il a si peu paru dans ces deux époques.

L'AMI DE COUR,
COMÉDIE.

ACTE PREMIER.

Le théâtre représente un vestibule magnifique.

SCENE PREMIERE.
VERTON, UN DOMESTIQUE.

LE DOMESTIQUE *ouvre à Verton, le fait entrer, et lui dit:*

Monseigneur vous attend. L'ordre est donné pour vous.
Je dois vous annoncer par préférence à tous.
        VERTON, *seul.*
Cet ordre et ces bontés m'assurent à l'avance,
Du poste de mon pere, ou de la survivance.
Ce poste me dérobe à la nécessité
D'importuner les grands, d'en être rébuté,
De perdre un tems utile en de longues attentes,
D'endurer tristement leurs bontés outrageantes,
De payer leurs valets pour savoir si monsieur
Est visible;

SCENE II.

MONLOR, VERTON.

MONLOR, *sortant de l'appartement qui est au fond, fixe Verton, et dit :*

Verton !

VERTON, *le reconnaissant aussi.*

Monlor !... Par quel bonheur
Vous vois-je ici ?

MONLOR.

D'un duc j'annonçais la visite.
Mais vous, cher Floriman ?

VERTON.

Moi je le sollicite.

MONLOR.

Je vous plains.

VERTON.

Mais, il m'aime.

MONLOR.

En ce pays, Verton,
Cherchez moins l'amitié que la protection.
Pour être aimé des grands, il faut leur être utile.

VERTON.

Forcé de l'implorer, sans crédit, sans asile,
Hélas ! je ne puis rien, mais croyez que mon cœur
A servir le marquis mettrait tout son bonheur !
Il me promet un poste.

MONLOR.

Accorder et promettre
Sont deux.

VERTON.

J'ai sa parole, il la tiendra.

MONLOR.

Peut-être.
Nous sommes seuls ; je vais vous parler franchement ;
Le marquis est au fond de cet appartement ;
Murel y communique aussi par cette porte.
Ce lord est occupé, ne craignez pas qu'il sorte.
Dans ce séjour pour vous encor si séduisant,
Tremblez de vous fier au moindre courtisan.

Le marquis vous prévient tantôt par des caresses,
Souvent par des égards, toujours par des promesses;
Mais il vous trompera.

VERTON.
Lui ! jamais !

MONLOR.
En ce cas,
Vous serez le premier qu'il ne trompera pas.

VERTON.
Il en est incapable.

MONLOR.
On le voit plein de zele,
Témoigner à chacun une amitié fidelle;
De tous ses protégés recevoir des placets,
Les lire devant eux, les oublier après.
A d'autres à l'instant offrir pareil service;
De leurs droits en passant démêler la justice,
Les plaindre, leur jurer qu'ils seront écoutés.
C'est le ton du pays, pays des faussetés :
Un cœur si partagé n'est fidelle à personne.

VERTON.
Que tout ce qu'il m'apprend me confond et m'étonne !
N'importe, l'amitié, les sermens du marquis....

MONLOR.
Il promettait autant à ceux qu'il a trahis.

VERTON.
Ses lettres à mon pere, et la reconnaissance
Qu'il lui doit, qu'il lui jure....

MONLOR.
Autre faible assurance.
Et votre pere encor peut-il l'obliger !

VERTON.
Non.

MONLOR.
On l'a donc oublié. Fuyez mon cher Verton :
A renoncer aux grands il vaut mieux se contraindre,
Que d'attendre l'instant qu'on aurait de s'en plaindre.

VERTON.
Trahirait-il ainsi ?

MONLOR.
Vous sortez de chez lui
Confus de ses bontés, peu sûr de son appui.

VERTON.

Il lui coûte si peu de me rendre service.
Mais dois-je l'accuser ? Pourquoi, par quel caprice,
Voudrait-il me tromper ? On voit des courtisans
Qui manquent sans pudeur à leurs engagemens.
On vit des grands seigneurs, à l'ame mercénaire
Qui vendaient cherement leur crédit salutaire,
Et d'autres aussi vils, quand on eût besoin d'eux
Furent toujours glacés ou trahirent nos vœux.
Mais peut-on au marquis prêter ce caractere ?
Vous savez à la cour comme on le considere.
Il plait par son mérite, il sut par ses talens,
S'élever en ces lieux à des postes brillans.
De nos jeunes seigneurs eût-il jamais les vices ?
Leurs prodigalités, leurs goûts pour les actrices,
Leur jargon, leurs travers.

MONLOR.

Tout protégé flatté,
Voit dans son protecteur une divinité.

VERTON.

Son rang et ses emplois supposent du mérite.

MONLOR.

Et ne le prouvent pas. Un grand qu'on sollicite
Exige nos respects, prise peu nos vertus ;
A votre tour prisez son crédit, rien de plus.
J'ai trop vu Floriman, pour ne pas le connaître.

VERTON.

Mais il a des amis, la faveur en fait naître.
Par eux, par son crédit, ne peut-on m'accorder...

MONLOR.

Vous obtiendriez beaucoup s'il daignait demander ;
Mais on ménage ici son crédit nécessaire :
Pour d'autres que pour soi, l'on ne demande guère.
Ces fidelles amis auraient maint protégé
Qu'à servir à son tour, ils seraient engagé.
De cent provinciaux telle est l'erreur grossiere.
Souvent sur un billet obtenu par priere,
Ou sur quelques propos glissés en leur faveur,
Ils fondent leur espoir auprès d'un grand seigneur ;
Sans voir qu'un grand seigneur, dans le tems qu'il les aime,
Au lieu d'agir pour eux, n'agit que pour lui-même ;
Et que de leur cortege il tire vanité
Pour paraître plus grand et plus accrédité.

VERTON.

Vous ne croyez donc pas qu'il me rende service ?

MONLOR.

Je crains des gens de cour l'ordinaire artifice ;
Je crains pour vous mon sort. Mais vous êtes d'un sang
Qui peut vous égaler au marquis Floriman.
Le sait-il ? à la cour vous faites-vous connaître ?

VERTON.

Non, et j'ai des raisons.

MONLOR.

Mais, sans vous compromettre,
On pourrait l'en instruire. On peut intéresser
Murel. C'était à lui qu'il fallait s'adresser.

VERTON.

(*avec trouble.*)
Non, Sophie.... (*haut.*)
Au marquis ce serait faire injure.
Il me place aujourd'hui.

MONLOR.

J'en doute.

VERTON.

Il me l'assure.
Et je viens le presser.

MONLOR.

Je crains que son hymen,
A de nouveaux délais, n'ouvre plus d'un moyen.

VERTON.

Son hymen !... le marquis.... répondez je vous prie,
Est-il l'heureux mortel qu'on destine à Sophie ?

MONLOR.

Oui, qu'importe ?

VERTON, *à part.*

Sophie !... Il faut y renoncer.

MONLOR.

Je vois souvent Murel, j'irai l'intéresser ;
C'est le plus digne ami, c'est le plus tendre pere....

VERTON.

Non. Cessez.... (*à part.*)
A regret je vous cache un mystere.

MONLOR.

Eh ! pourquoi vous cacher ? Ecossais comme lui,
Vous êtes malheureux, vous aurez son appui.

VERTON.

Je l'ai revu trop tard.

MONLOR.

Comptez sur ma prudence.

VERTON.

Sa fille....

MONLOR.

Mais pour vous elle agirait, je pense.

VERTON.

Ah !

MONLOR.

Songez qu'à la cour en restant inconnu,
Avec des importuns on se voit confondu.
A prier, à presser, il faudra vous contraindre,
Attendre sans mot dire et souffrir sans se plaindre,
Et le cœur ulcéré, finit par détester
Les grands et leurs bienfaits qu'on devrait redouter.
Excusez, on m'attend, pour vous joindre au plus vite
De ma commission, souffrez que je m'acquitte.
(*en sortant.*)
Servons-le malgré lui. Qu'on est heureux vraiment !
De ne rien demander, et d'être indépendant !...

SCENE III.

VERTON.

D'un jugement outré, de son humeur chagrine,
Contre les gens de cour, j'entrevois l'origine.
Au-dessus de l'état où le sort l'a réduit,
Il souffre d'y languir, et le malheur l'aigrit.
Tout homme de mérite éprouve même peine ;
Mais voici le moment qui va finir la mienne.

(*Plusieurs protégés entrent.*)

Sur la terre adorés, les grands seraient des dieux
S'ils bornaient leur pouvoir à faire des heureux.

SCENE IV.
VERTON, FLORIMAN.

FLORIMAN, *s'adresse en sortant de son appartement, à plusieurs protégés.*

Je suis assez instruit : pour vous rendre service,
Croyez que j'épierai l'instant le plus propice.
Trop heureux... soyez sûr... très-humble serviteur.
Je vous joins dans l'instant, je suis à vous, monsieur.
Votre demande est juste, et je ne saurais croire
Qu'on pût vous refuser. Laissez-moi ce mémoire ;
J'en parlerai moi-même au duc, au roi, s'il faut.
Sans adieu : revenez... Nous nous verrons tantôt.
(*Il prend la main de Verton, fait un signe, et tous sortent.*)
Vous allez me gronder, et cette survivance
Dont Alvar disposait, dont j'avais l'espérance,
On vient de l'accorder. J'ai fait ce que j'ai pu,
Nous sommes malheureux : je n'ai rien obtenu.
VERTON.
Mais, vous seul y nommiez, et j'osais me promettre...
FLORIMAN.
Si j'y nommais, monsieur, vous en seriez le maître.
Qu'il est de gens ingrats ! qu'il est de faux amis !
Je passai chez le duc, on fut chez les commis ;
On fit mouvoir pour vous leurs femmes, leurs maîtresses,
Tous ont promis, et tous manquent à leurs promesses ;
Mais l'on nous a trahis.
VERTON.
Trahis ! l'on ignorait
Ma demande. Au surplus vous gardiez le secret :
J'avais tant d'intérêt à le garder moi-même.
FLORIMAN.
Vous me voyez contre eux dans un dépit extrême.
VERTON.
Mes services aussi me donnaient quelque espoir.
FLORIMAN.
Pour qu'on vous préférât, je les ai fait valoir.
On a commis, monsieur, la plus grande injustice !
Vous méritez beaucoup ; mais tout va par caprice,
Par brigue, par cabale, et j'en ai tant d'horreur...

Excusez... Comme ami, je vous ouvre mon cœur.
 Mais il vaque en ces lieux un poste d'importance,
Un poste préférable à cette survivance:
Vous l'obtiendrez sans peine, et je vais dès ce jour
Agir.

VERTON.

 Je suis peu fait pour rester à la cour.
(à part.)
Que n'y puis-je étouffer le feu qui me dévore !

FLORIMAN.

Ce poste vous convient, je le repete encore ;
Mais je vois vos desseins, vous songez à nous fuir:
J'userai de mes droits, je veux vous retenir.
Abandonner la cour avec tant d'espérance
D'être récompensé, serait une imprudence.

VERTON.

Le comble de l'outrage, après tant de détours,
Est de promettre encor pour nous tromper toujours.

FLORIMAN.

Telle est du préjugé la suite inévitable :
Qui n'a pu s'avancer en paraît incapable ;
Et de retour chez vous, las de solliciter,
On vous accuserait de ne rien mériter.

VERTON.

Monlor avait raison, au pays où nous sommes,
J'avais trop peu vécu pour connaître les hommes.

FLORIMAN.

Connaissez ce séjour qui vous a rébuté.
Plusieurs sont parvenus par importunité ;
Et les grands élévés à des emplois augustes,
Dans les graces qu'ils font sont quelque fois injustes.
Pour gagner leur faveur il faut grossir leur cour.
Il faut se présenter devant eux chaque jour.
L'indolence nous nuit, et l'homme de mérite
N'obtient rien auprès d'eux, s'il ne les sollicite.
On l'estime, on l'accueille, on promet son appui ;
En cessant de le voir on ne fait rien pour lui.
Et jamais, soit oubli, soit dépit, soit caprice,
On ne rend aux absens une exacte justice.
 Ecrivez à Lincoln qu'on vous fixe à la cour.
Peignez-lui mon bonheur, mes transports, mon amour,
Je vais d'un doux hymen connaître enfin les charmes.
Cette beauté céleste à qui tout rend les armes,

Sophie a consenti, d'après l'ordre du roi
Et l'aveu de son pere, à s'unir avec moi.
VERTON.
(*à part.*)
La fille de Murel? ciel! l'objet que j'adore!
FLORIMAN.
Ces nœuds pour le public sont un secret encore.
Prenez part à ma joie.
VERTON, *à part.*
O comble de douleur!
De quel œil près de lui verrai-je son bonheur?
FLORIMAN.
Vous soupirez. Je vois ce qui vous intéresse.
Mais j'agirai pour vous; comptez sur ma promesse.
Mon cœur de cet hymen ne peut trop s'applaudir.
Le chemin des grandeurs qu'il vient de m'aplanir;
Sur celle de Murel ma fortune affermie;
Un bien plus cher encor, l'amitié de Sophie;
Cette tendre amitié, ces sentimens si doux
Redoublent mon bonheur qui fait mille jaloux.
VERTON.
Il me perce le cœur.
FLORIMAN.
J'espere dans la suite
Vous être plus utile; et je m'en félicite.
Oui vous l'éprouverez; comptez sur mes sermens.
VERTON, *en s'en allant.*
Qu'espérer de ses soins.
FLORIMAN, *seul.*
Il attendra long-tems.
Courons serrer ces nœuds et montrer ma tendresse...
A cet hymen pourtant le roi qui s'intéresse
Ne m'en parla point hier; ne me regarda pas.
D'où provient?

SCENE V.
Milord MUREL, FLORIMAN.
MUREL.

C'EST Verton! il fuit toujours mes pas.
FLORIMAN.
Je vous offre, Milord, certaine survivance

Qui de vos protégés peut nourrir l'espérance ;
J'en dispose. Ordonnez.

MUREL.
Mais ce jeune étranger...

FLORIMAN.
Vous intéresse-t-il ? je vais le protéger.

MUREL.
On vient de m'en parler. On dit qu'il sollicite
Une place.

FLORIMAN.
Oui, Milord.

MUREL.
Manque-t-il de mérite ?

FLORIMAN.
Je l'ignore. Il a tort si de vains complimens
Paraissent à ses yeux autant d'engagemens.
Il est mille façons de parler, de promettre
Que nul homme sensé ne peut prendre à la lettre.

MUREL.
Son parent vous l'adresse

FLORIMAN.
Il nous adresserait
Du fond de son pays tous ceux qu'il connaîtrait.
C'est un homme estimable et que je considere ;
Un homme sans crédit confiné dans sa terre,
Et l'on serait bien fou d'aller s'intéresser
Pour tous les gens qu'il aime et qu'il voudrait placer.
Mais souffrez que ce jour tout entier à Sophie...

MUREL.
L'hymen va décider du bonheur de sa vie.
Me punisse le ciel, si j'ose en ce moment,
Certain de ses vertus, contraindre son penchant.
A Damis qui l'aimait, c'est vous qu'elle préfere.
Heureux qui joint l'amour au mérite de plaire.
Ah marquis ! si ces nœuds cessaient de vous charmer ;
Si nos destins changeaient.

FLORIMAN.
Moi, cesser de l'aimer !
Moi ; qui dans les transports où mon cœur s'abandonne,
Cederais pour ces nœuds la plus belle couronne.
Si vos destins changeaient ! Mais tout m'attache à vous.
Eprouvez moins ce cœur. Je tombe à vos genoux ;
J'y conduirai Sophie. Avide de vous plaire,
J'ai plié sur vos goûts : mes goûts, mon caractere,

Et nos soins, nos respects, et nos soumissions
Fermeront désormais l'entrée à vos soupçons.
MUREL.
Non, marquis.
FLORIMAN.
Vous avez permis cet hymenée.
Achevez mon bonheur, et que cette journée
Termine.
MUREL.
Apprenez donc un secret important.
FLORIMAN.
On vient.

SCENE VI.
LES MÊMES; UN DOMESTIQUE,
Le Duc D'ALVAR.

LE DOMESTIQUE, *annonçant.*

Le duc d'Alvar.
FLORIMAN.
Différons un instant.
ALVAR, *à Floriman qui s'avance ver lui.*
Ce superbe Milord que la faveur du maître
Enorgueillit long-tems, va la perdre peut-être.
Marquis, songez à vous... Mais j'interromps milord.
(*Ils se saluent*).
FLORIMAN.
Ah! j'ai pris mon parti.
ALVAR.
Non. L'on doute d'abord;
L'intérêt parle ensuite.
FLORIMAN, *à Murel.*
Ah! mon ame est ravie!
Il me fait compliment sur l'hymen de Sophie.
ALVAR.
On cabale, on agit : songez au discrédit.
FLORIMAN, *à Murel.*
Voyez comme à ces nœuds tout le monde applaudit.

MUREL.
Il me suffit, marquis, que le roi le desire.
C'est un ordre.
ALVAR, *à Floriman qui le reconduit.*
Nous nous reverrons.
FLORIMAN.
C'est tout dire.

SCENE VII.
MUREL, FLORIMAN.
MUREL.

De sa visite ici vous paraissez frappé.
Non, marquis, non, Alvar ne vous a point trompé.
Je venais vous parler du sort qui me menace ;
Chaque jour, chaque instant m'annonce une disgrace.
FLORIMAN.
Une disgrace ! vous ! Non je ne le crois point,
Le roi ne peut, milord, être injuste à ce point.
Sur quel motif d'ailleurs, et quel cœur assez traître,
(*à part*).
Oserait ?... Cependant la chose pourrait être.
MUREL.
On sait qu'un homme en place est toujours envié.
FLORIMAN.
Dites, qu'il est toujours haï calomnié ;
Qu'on le fait échouer, qu'on le rend responsable,
De tant d'événemens... Mais serais-je coupable ?
D'oser approfondir, en m'unissant à vous.
Je vous connais, milord, des concurrens jaloux.
MUREL.
Différons notre hymen. Dans cette conjoncture
Je me reprocherais, marquis, de le conclure.
FLORIMAN.
Différer ! le peut-on ? Mais sachons votre sort :
Courons aux pieds du roi. Pardonnez mon transport.
MUREL.
Dans la crise présente, on ne peut que me nuire.
FLORIMAN.
On pourrait réparer... Si vous daignez m'instruire.

Si j'agissais sans vous... ce secret étonnant
Je dois le respecter... un gendre cependant...
   MUREL.
Croyez que trop certain du sort qui me ménace,
Je crains, en me montrant, de hâter ma disgrace.
Demain, plus amplement, vous serez éclairci ;
J'ai de fortes raisons pour en user ainsi.
(à Floriman qui veut
 l'accompagner).   (à part en s'en allant).
Restez. Ses sentimens et sa feinte tendresse
Pour ce jeune étranger dont le sort m'intéresse,
Vont peut-être à présent reparaître pour moi.
Hélas ! qui peut encor m'assurer de sa foi ?

SCENE VIII.

FLORIMAN.

MILORD dirait-il vrai ? Je n'ose encor le croire.
Il est aimé du prince, et le prince en fait gloire.
Il l'a comblé de biens, d'honneurs, de dignités.
Chaque jour pour milord ajoute à ses bontés.
 Sa disgrace pourtant ne saurait me surprendre.
D'un rang plus élevé, j'ai vu Sintor descendre.
Tel qu'on combla d'honneurs ne put les conserver.
 Tiendrait-il ce discours afin de m'éprouver ?
Non. L'on nuit à milord. Quel de nous sans envie ?
Peut voir d'un étranger la fortune affermie.
Il fuit nos yeux perçans. Il tremble d'aspirer
Aux grandeurs que sans cesse il devrait désirer.
Prévenons son malheur si sa disgrace est sure.
Quoi ! rompre à l'instant même où nous allions conclure !
Quel prétexte saisir ? que dira-t-on de moi ?
Sophie à m'accuser s'apprête, je la voi.
Sophie !... Oui je l'aimais, et mon cœur... Il n'importe.
L'amour combat envain ; l'ambition l'emporte.
Milord est sans crédit, et loin de ce séjour
J'irais avec milord, m'enterrer sans retour.
M'enterrer !.. Pour jamais renonçons à Sophie !...
Que d'attraits cependant il faudra que j'oublie !
Je trouvais tout en elle, amour, grace, beauté,
Fortune... Qu'il en coûte à mon cœur agité !

Sans fondement peut-être, il craint cette disgrace.
Ne précipitons rien, sachons ce qui se passe.
Tel parut sans crédit, qui plus accrédité,
Fit souvent répentir ceux qui l'avaient quitté.
Alvar sur des faux bruits peut se laisser séduire,
On croit avidement ce que le cœur desire.
Interrogeons Alvar. De ces événemens,
Mon destin en ces lieux dépendrait si long-tems.

Fin du premier Acte.

ACTE II.

SCENE PREMIERE.
FLORIMAN.

Sa disgrace, à la cour, sans être déclarée,
Se repand, s'accrédite, et parait assurée.
Le roi dans son palais a fait venir milord,
Des discours qu'ils tenaient rien ne transpire encor.
Et milord qui s'obstine à garder le silence
Depuis cet entretien change de contenance.
Il sortait du palais, reveur, morne, égaré.
Le roi, le roi lui-même avait l'air altéré.
Ses regards, son maintien, ses gestes, son visage,
Tout semblait pour milord d'un malheureux présage.
En dépit d'eux par fois on pénétre les grands.
  Déjà l'on a pour lui des yeux indifférens.
Ne m'en éloignons point encor; et que personne
Ne puisse soupçonner si mon cœur l'abandonne.
D'un vieil attachement, il faut me prévaloir;
Lui paraître fidelle, et cesser de le voir;
Ménager tour-à-tour Alvar, Murel, Sophie,
Et le public encor. C'est une perfidie,
J'en conviens; mais ici dans pareil embarras,
Où sont les courtisans qui ne m'imitent pas ?

SCENE

SCENE II.

FLORIMAN, UN DOMESTIQUE.

LE DOMESTIQUE.

Dans son appartement où vous deviez vous rendre,
Milord qui suit mes pas, cessait de vous attendre.
  FLORIMAN, *renvoie le domestique, et dit* :
Voilà le coup fatal que j'avais redouté.
De conclure l'hymen je me suis trop hâté.
Milord va me presser de tenir ma parole :
Toute excuse à présent lui paraîtra frivole.
A la cour pour lui plaire il faudra renoncer ;
Et j'en mourrais plutôt. Rompons sans balancer.
Dans ces lieux où la cour maintenant nous rassemble
Je suis désespéré que nous logions ensemble.
Il vient ; il m'apperçoit. Sachons dissimuler.

SCENE III.

MUREL, FLORIMAN.

MUREL.

Ma présence, marquis, ne doit point vous troubler.
    FLORIMAN.
Je tardais à vous voir. Vous m'en blâmez peut-être ;
Mais j'agissais pour vous, et je puis vous promettre...
    MUREL.
Je ne viens point, marquis, rempli d'un fol espoir,
Implorer les amis que je pourrais avoir ;
Et versant sur mon sort des larmes inutiles,
Exciter des douleurs et des regrets stériles.
J'ai vu des malheureux ; je les ai vus trahis
Par ceux qu'ils chérissaient et qu'ils avaient servis.
Et dans la cour des rois, quand le sort est contraire
On trouve plus d'ingrats que par toute la terre.
Un motif important me conduit dans ces lieux.
Je vous promis Sophie en des tems plus heureux.

FLORIMAN.
J'ai des amis encore, et contre votre attente,
Croyez, pour vous servir, qu'il n'est rien qu'on ne tente.
MUREL.
Moi, les sacrifier !... Dans un besoin pressant
L'Ami de cour est faible, et l'ennemi puissant.
FLORIMAN.
Laissons-les s'immoler. Qu'elle délicatesse ?
Ils seront trop heureux.
MUREL.
Non. Malgré ma détresse
Ces amis quels qu'ils soient, je dois les réfuser;
Et plus leur zele est pur, plus j'aime à m'opposer.
Sachons nous séparer tous deux avec courage.
De moi, de vos sermens, marquis, je vous dégage.
Tout est changé pour nous. J'ai perdu ma faveur.
FLORIMAN.
Reprendre ma parole ! Ah ! connaissez mon cœur !
Si j'ai grossi jamais cette foule importune
Des gens qui sur vos pas, couraient à la fortune,
A vos seules vertus constamment attaché,
Par aucun autre objet on ne me vit touché.
Je laisse à ces flatteurs, à ces ames de boue,
Répéter des propos que le cœur désavoue.
Vils esclaves de cour, vendus à la faveur.
Leur haîne ou leur amour m'ont toujours fait horreur.
Vous me verrez sans cesse à vos désirs fidelle,
Partager vos destins, vous servir avec zele,
Et prouver mes discours par mon attachement.
(à part.)
On ne saurait mentir plus intrépidement.
(haut.)
Je vais du roi pour vous implorer la justice.
MUREL.
Je vous ai dispensé de me rendre service.
Vous voilà dégagé.
FLORIMAN.
Non, milord.
MUREL, *le retenant.*
En ce jour
Terminez donc l'hymen, ou rompons sans retour.
Je ne vous dirai point que pour cette journée,
Vous pressiez, vous faisiez presser cet hyménée,
Je n'ajouterai point qu'un cœur infortuné

Lorsque vous balanciez vous aurait condamné.
Que pour vous décider vous vouliez-vous instruire
De mon sort. Et des gens assez vils, pour me nuire...
Vous êtes libre encore. Optez.

FLORIMAN.
Quel embarras !

MUREL.
Je vous comprends, marquis, si vous ne parlez pas.

FLORIMAN.
(*à part.*)　　　　　(*à Murel.*)
Allons rejoindre Alvar. Vous connaîtrez mon zele.
(*en sortant.*)
Verton peut me servir.

SCENE IV.
MUREL.

Peut-il m'être fidelle ?
Et croire me tromper. C'est envain qu'à mes yeux
Il cherche à se parer d'un dehors vertueux.
Il brûlait d'échapper. Le traître plein d'adresse
Rompait notre entretien, éludait sa promesse,
Et blâmant les ingrats avec vivacité,
Croyait de m'éblouir par un zele affecté.
Il me fuit maintenant ; il me cherchait naguere.
Voilà ce qu'à la cour notre infortune opere.
Entourés le matin de flatteurs et d'amis,
Nous en sommes le soir délaissés ou trahis.
　Que je crains d'annoncer ces revers à Sophie !
Un pere en discrédit, un amant qui l'oublie ;
Son hymen, nos projets détruits dans un instant,
Et pour comble de maux, elle aime Floriman.

SCENE V.
SOPHIE, MUREL.
SOPHIE.

Ah ! mon pere !

MUREL.
Approchez. Le sort qui nous accable

Nous offre un avenir funeste et déplorable.
Je me vois sans fortune, et je perds sans retour
Le rang et les emplois que j'occupe à la cour.
Près du roi vainement, pour prendre ma défense,
J'irais des courtisans implorer l'assistance.
S'ils ont paru m'aimer dans ma prospérité,
Ce fut par intérêt, ce fut par vanité.
Les uns sont en secret charmés que ma disgrace
Fasse vaquer pour eux une nouvelle place;
Les autres délivrés d'un rival odieux
Bénissent le destin qui m'opprime à leurs yeux.

SOPHIE.
Il vous reste à jamais Floriman et Sophie.

MUREL.
Floriman ! Apprenez toute sa perfidie :
Il diffère, il élude, il veut rompre à présent
Un hymen qu'autrefois il pressait ardemment.

SOPHIE.
Je l'ai vu dans l'instant, et j'ai vu sa tendresse.
Eh! que ne doit-il pas à vous, à sa promesse?
Pourrait-il y manquer ?

MUREL.
Quand j'étais en faveur,
Cet hymen qu'il veut rompre, assurait son bonheur.
Du faîte des grandeurs tombé dans la misere,
J'ai cessé d'être utile, et vous cessez de plaire...
Qui balance, ma fille, à servir son ami,
Ou le trahit bientôt, ou n'aime qu'à demi.

SOPHIE.
J'accourais : il sortait. Mon ame était émue;
Je voulais l'éviter, il s'offrait à ma vue.
Il m'a promis d'agir, d'agir si vivement...

MUREL.
Il craint; il n'ose encor éclater hautement.

SOPHIE.
Il paraissait troublé; mais, voyez sa conduite.
Tout nous parle pour lui, son ardeur, son mérite.
Il vous fût attaché. Songez qu'en un moment
On ne se dément pas aussi facilement.

MUREL.
Un véritable ami qui sait notre détresse,
Si-tôt qu'il peut agir, n'attend pas qu'on le presse;
Il s'en fait un plaisir, un honneur, un devoir.
L'ami faux, au contraire, hésite de nous voir;

Il met obstacle à tout. L'aspect d'autrui le gêne.
Forcé d'agir pour nous, il n'agit qu'avec peine.
Il cherche à se dédire, et malgré nos besoins
Il s'arrête à l'instant qu'il se croit sans témoins.
Pareil au faux dévot qui ne voyant personne,
Reprendrait, s'il osait, les aumônes qu'il donne,
Et ne paye à regret ces tributs naturels,
Que pour avoir le droit de tromper les mortels.

SOPHIE.

A Milord, comme à moi, s'il eût ouvert son ame...

MUREL.

L'amour-propre toujours séduisit une femme.
Vous êtes jeune encore, et dans cet âge heureux,
Où l'on croit ne trouver que des gens vertueux.
Vous aimez Floriman. Apprenez que le traître,
Et tous ces gens de cour, vils esclaves du maître,
Sont faux, dissimulés, n'ont d'autre passion,
D'autre divinité que leur ambition.

SOPHIE.

S'il me trompe, jamais je ne croirai personne.

MUREL.

Osez donc l'imiter puisqu'il nous abandonne.
Et pour vous décider sur lui, sur ses détours,
Jugez ses actions plutôt que ses discours.
Verton sollicitait le poste que son pere
Obtint dans la province, en quittant l'Angleterre;
Il s'adresse au marquis, qui feint de le servir,
Qui lui promet ce poste et qui vient me l'offrir.

SOPHIE.

Eh! cette offre, mon pere, à vos yeux criminelle,
De son attachement est la preuve nouvelle
Il sacrifiait tout pour vous.

MUREL.

Sa trahison
Est plus noire. Long-tems, il abusa Verton.
Il doit tout à Lincoln. Mais d'une ame ravie,
S'offrir à nous servir, sans en avoir envie,
Prodiguer ses sermens pour combler notre erreur
C'est le propre d'un fourbe et non d'un protecteur.

SOPHIE.

J'excusais Floriman. Il a cru, je vous jure,
Donner de son amour la marque la plus pure.
Et qui sait si Verton méritait son appui;
Vous blâmez Floriman, et je renonce à lui.

L'Ami de Cour,

Je le croirai coupable, et loin de le défendre,
Vous l'aviez cependant choisi pour votre gendre.

MUREL.

Il sut m'en imposer. Il crut par cet hymen,
Augmenter son crédit, et s'étayer du mien.
Et si de nos revers que l'amitié partage
Il eût senti les coups, après son mariage,
Honteux, désespéré d'échouer à jamais,
Il eût empoisonné vos jours par ses regrets.
Il eût hâté ma mort et celle de Sophie.

SOPHIE.

Je frémis.

MUREL.

Que d'époux! pleins de sa perfidie,
Font aux mêmes objets qu'ils avaient adorés
Supporter les chagrins dont ils sont dévorés.

SOPHIE.

Qui l'aurait soupçonné de masquer sa conduite?
Doux, poli, prévenant, on vante son mérite;
Du roi, des courtisans, il paraît estimé.
Il montrait tant d'amour... Qui ne l'aurait aimé?

MUREL.

Je veux qu'un courtisan pour avoir mon estime,
A son ambition mette un frein légitime.
Et je ne puis souffrir qu'un sordide intérêt
Soit son premier motif ou son unique objet.
J'aime à trouver chez lui de la délicatesse,
Beaucoup d'habileté, mais jamais de finesse.
Je veux qu'il serve un roi sans oser le flatter;
Qu'il parvienne aux emplois sans les solliciter.

SOPHIE.

A la cour, sur ce pied, on n'en trouverait guere.

MUREL.

Contemplez vos destins; voyez celui d'un pere.
Du rang que vous teniez descendue aujourd'hui,
Oubliez Floriman. Vous n'êtes plus pour lui.

SOPHIE.

Plus pour lui! votre rang, notre état, ma naissance.

MUREL.

La faveur entre nous va mettre une distance.
Le marquis à la cour étayant ses égaux,
Croirait bientôt en eux retrouver des rivaux.
Sans appui, sans espoir, dans ce revers funeste,
Vos vertus sont enfin le seul bien qui vous reste.

Ma fille, ces trésors qu'on ne peut vous ôter,
Au comble du malheur vous feront respecter.
Vous pleurez.

SOPHIE.

Pardonnez un reste de tendresse
Qui combat dans mon cœur... Mais j'en serai maîtresse.
Destinée au marquis, j'ai cru jusqu'à ce jour,
Pouvoir être sensible aux soins de son amour.
Votre rigueur pour lui paraissait adoucie.
Ces nœuds devaient former le bonheur de ma vie.
Aurais-je pu prévoir qu'ils feraient mes malheurs ?
Je ne regrette point son rang ni vos grandeurs.
Ne puis-je cependant le revoir ? et peut-être,
Est-il moins criminel qu'il semble le paraître.
Ce n'est pas que mon cœur prétende l'excuser ;
Mais le sien devant moi ne peut se déguiser.
Je lirai dans ses yeux.

MUREL.

Sous cet espoir futile,
Votre amour perce encor. Craignez qu'on ne m'exile.
Partons sans rechercher, sans revoir Floriman ;
Vous ne retrouveriez qu'un traître, un inconstant.
Et sans amour pour vous, il en ferait paraître,
S'il esperait qu'un jour mon crédit pût renaître.
Laissez-moi seul ici. Quand il faudra partir,
Verton qui suit mes pas, viendra vous avertir.

SOPHIE.

Verton.

MUREL.

Je trouve en lui, malgré le sort contraire,
Le fils du vieux Lincoln, dont l'amitié m'est chere.
Est-ce au sein des grandeurs parmi des courtisans,
Que je devais chercher des cœurs compatissans ?
Rendons grace à Monlor qui me l'a fait connaître.
Que n'ai-je appris plutôt ! mais je le vois paraître.

SOPHIE.

Et Floriman nous fuit !

MUREL, seul.

Dans cette extrémité,
Je gémis malgré moi de ma sévérité.

SCENE VI.
VERTON, MUREL.
VERTON.

Je viens vous annoncer une heureuse nouvelle.
Mon pere qu'éloignait la fortune cruelle,
Mon pere est arrivé ; mais sans m'en prévenir.
Le ciel pour vous milord daigne nous réunir.
MUREL.
Quoi ! Lincoln ?... O momens d'amertume et de joie !
O Lincoln !... En quel tems faut-il que je le voie ?
VERTON.
Mon pere dans ces lieux jadis ambassadeur,
Au marquis jeune encor, servit de protecteur.
Instruit de sa conduite et de son artifice,
Il saura le forcer à vous rendre service.
Et par des vérités qu'il doit peu ménager,
Sans doute à votre égard, il le fera changer.
Les défauts du marquis, les grands, leur caractere,
Prêtent à sa critique une vaste carriere.
Tous vos amis communs unis en ce moment...
MUREL.
Qu'il cesse de compter sur eux, sur Floriman,
Du reste des humains que ce séjour rassemble.
Jugez par Floriman, car chacun lui ressemble.
Et la reconnaissance ou la sincérité
Qu'on voudrait éprouver, sont sans réalité.
Je ne suis alarmé que du sort de Sophie.
Sa tendresse à mes yeux mille fois l'a trahie.
Elle aime Floriman, et de son souvenir,
Peut-être vainement je cherche à le bannir.
De ce funeste amour, apprenez la naissance :
Je partis pour l'armée, et pendant mon absence,
Floriman chez Sophie, avait eu quelque accès.
VERTON.
Mon pere de ses soins espere un prompt succès.
Il est tel qu'en Ecosse, ami franc et sincere,
Ses services passés sa probité severe,
Lui feront prendre encor ce ton d'autorité
Qu'il eut sur le marquis.

MUREL.
Mais sa sincérité,
Ce ton agreste et dur que la retraite augmente,
Sa haine envers les grands, tout pour lui m'épouvante.
Cette haine, Verton, ne se contiendra plus.
VERTON.
J'attends tout de mon pere, et tout de vos vertus.
Si Floriman persiste, et s'il cherche à vous nuire,
On peut s'en plaindre au roi : mon pere ira l'instruire;
Il se fera connaître, et Floriman, du moins,
Pour sauver son honneur, secondera nos soins.
On peut le démasquer; il en craindra la suite.
Je fais exactement épier sa conduite.
L'œil de Monlor y veille, et cet ami discret...
MUREL.
Quoi ! l'écuyer d'Alvar !
VERTON.
Il y reste à regret.
Toujours de la fortune, éprouvant les caprices,
Il craint d'être frustré du prix de ses services.
Ces grands, qui dans leurs mains ont tant d'autorité,
Sont méchans si souvent avec impunité.
Je cours chercher Lincoln.
MUREL.
Que je sens l'impuissance
De donner à vos soins la moindre récompense !
VERTON.
Qu'il m'accorde Sophie et je suis trop heureux.
MUREL.
Rentrons... Mais.

SCENE VII.
MUREL, LINCOLN.

LINCOLN, *du milieu de l'appartement de Murel.*

Je brûlais de m'offrir à vos yeux.
MUREL.
Ah quel plaisir pour moi !   (*ils s'embrassent.*)
LINCOLN.
Que ma joie est complette !
Comme je vous pleurais au fond de ma retraite !
Nos changemens de noms, le bruit de votre mort,

Avaient fait à mon fils méconnaître milord.
Nous fumes séparés dès sa tendre jeunesse.
MUREL.
Mes traits sont altérés aussi par la vieillesse...
De nos cruels destins vous savez le retour.
LINCOLN.
On doit s'attendre à tout quand on vit à la cour.
L'exil, l'obscurité, les coups de la fortune,
Peuvent être un malheur pour une ame commune.
Endurcis à leurs traits nous saurons les braver;
Mais vous avez, milord, votre gloire à sauver.
Verton dit qu'on cabale et qu'on vous calomnie.
Laisserez-vous encor tant d'audace impunie!
MUREL.
Fuyons plutôt ces lieux.
LINCOLN.
Tel, souvent à la cour
Se dérobe un moment qui se perd sans retour.
A votre fuite ici qu'un prompt dépit suggere;
Moi-même en d'autres tems je serais moins contraire.
Oui, la cour ne saurait rendre les gens meilleurs;
Elle empêche souvent qu'on soit content ailleurs.
D'après certains seigneurs trop indignes de l'être,
On devient à son tour fourbe, flatteur ou traitre:
Comme eux on ose tout, on croit tout obtenir,
Et rien ne coûte enfin à qui veut parvenir.
Des rivaux, contre vous que la haine suscite,
Il faut incessament démasquer la conduite.
MUREL.
Moderez ce transport.
LINCOLN.
Rien ne peut m'arrêter.
Ensemble aux pieds du roi, nous irons nous jetter;
On connaît vos vertus: nous obtiendrons justice.
MUREL.
Ah, ciel! vous me rendrez le plus mauvais office!
Ne précipitez rien.
LINCOLN.
Vos efforts seront vains.
Pourquoi me détourner?
MUREL.
Vous saurez mes desseins.
LINCOLN.
Vos délais dangereux confirmeraient peut-être

Ces bruits qu'on accrédite, et qu'on a vu renaître.
Songez avec quel art agissent vos rivaux.
Assurer ses projets, en former de nouveaux;
Surmonter la cabale obstinée à nous nuire;
Perdre les envieux qui veulent nous détruire;
A la brigue opposer d'autre brigue à son tour;
Tels sont les sentimens qu'on prend dans ce séjour.
Il faut que malgré vous, votre sort s'éclaircisse.
Je verrai Floriman. Il est plein d'artifice;
Il abusait Verton.

MUREL.

Voyez-le, j'y consens.

LINCOLN.

Mais s'il n'agit pour nous...

MUREL, *à part.*

Je ne veux que du tems.

LINCOLN.

Auprès de Floriman je saurai me contraindre.
Je ne puis l'estimer, et j'ai lieu de m'en plaindre.
S'il veut nous seconder, je vais le ménager.
Qui sert bien son ami, ne doit rien négliger.

MUREL, *entendant du bruit dans l'appartement de Floriman.*

On vient. Allons regler nos soins, notre conduite. (*il rentre*)

LINCOLN, *prêt à le suivre.*

La cour devrait servir de retraite au mérite.
Par qu'elle destinée y reste-t-il souvent
Obscur, persécuté, timide ou languissant !
Mais j'entends... Si c'était Floriman... C'est lui-même.

SCENE VIII.

FLORIMAN, LINCOLN.

FLORIMAN, *en entrant.*

C'est Lincoln que je vois. Ma surprise est extrême.
Ah ! monsieur !

LINCOLN.

Touche-là. Moins de civilité;
Mais plus de confiance et de sincérité.

FLORIMAN.

Ah ! quel heureux destin en ces lieux vous ammene !

Je vous vois, je vous parle, et je le crois à peine.
Que je suis satisfait ! enchanté !
LINCOLN.
Quant à moi
Je n'ai pas lieu, marquis, d'être content de toi.
FLORIMAN.
Croyez que mes respects et mon zele sincere...
LINCOLN.
Les protestations ici ne coûtent guere ;
On les voit sans effet. Je suis pourtant ravi
De ton empressement. C'est beaucoup qu'un ami
Nous reconnaisse encor quand il a fait fortune,
Et puisse nous cacher que notre œil l'importune.
Je t'adressai Verton.
FLORIMAN.
Pour lui jusqu'à présent
Je n'ai cessé d'agir. On perce lentement.
Verton s'est rebuté. Souvent, sans qu'on le croie,
On se voit desservi par les gens qu'on emploie.
L'un manque de crédit, l'autre d'habileté,
L'autre de vigilence...
LINCOLN.
Et toi de volonté.
A m'éblouïr, marquis, c'est en vain qu'on s'empresse ;
Je vois qu'on met ici son esprit, son adresse,
Non à servir les gens ; mais à bien colorer
La noirceur des refus qu'on leur fait dévorer,
A déterrer au loin quelque prétexte honnête,
Pour faire retomber son crime sur leur tête.
Je voulais que Verton, arrivant près de toi,
Dût tout à son mérite, et peu de chose à moi.
Ce Verton est mon fils.
FLORIMAN, *se contraignant.*
Ah ! vous deviez m'instruire.
LINCOLN.
J'ai voulu t'éprouver.
FLORIMAN.
Mais vous pouviez lui nuire.
LINCOLN.
Mais laissons là Verton... Ose encor t'excuser
Quand tu trahis milord.
FLORIMAN.
Qui peut m'en accuser ?

LINCOLN.
Moi... Si milord t'est cher ; si tu voulais lui rendre
Les services constans qu'il avait droit d'attendre,
Pourquoi fuir son aspect ? Pourquoi craindre aujourd'hui
De partager son sort et d'accourir chez lui ?
Pourquoi différais-tu dans cette conjoncture,
L'hymen qu'auparavant on t'aurait vu conclure ?
Cet hymen si long-tems fit l'objet de tes vœux.
Ton cœur, sans cet hymen, ne pouvait être heureux.
Pour le conclure enfin, pour montrer ta tendresse,
Attends-tu que milord à la cour reparaisse ?

FLORIMAN.
Il n'y paraîtra plus, le roi l'a condamné ;
Ses amis sont glacés. Tous l'ont abandonné.

LINCOLN.
Quels amis !... Et le roi le condamne ?

FLORIMAN.
                                  Oui. J'ignore
Les crimes de milord, ceux qu'on lui prête encore.
Il peut être innocent. Nul courtisan, je crois,
Pour obliger, milord, n'ira déplaire au roi.

LINCOLN.
J'entends. Tu m'insinue avec quelque prudence,
Qu'on ne peut de Murel embrasser la défense.

FLORIMAN.
Fort bien.

LINCOLN.
      Qu'on croit Murel justement condamné,
Qu'on le défend envain.

FLORIMAN.
                    Vous avez deviné.
Je connais votre cœur : j'ai craint de vous instruire
Et de vous allarmer vivement.

LINCOLN.
                          C'est-à-dire
Que plein de ces terreurs tu perdrais tout espoir.

FLORIMAN.
Il est vrai, cependant j'ai rempli mon devoir.

LINCOLN.
Oui, tu n'as rien tenté.

FLORIMAN.
                      J'ai paru téméraire.
J'ai du roi très-long-tems mérité la colere.

J'ai prié, supplié, mais avec la chaleur
D'un gendre, d'un amant. Vous concevez, monsieur.

LINCOLN.

Non; je doute souvent.

FLORIMAN.

Pour vous prouver mon zele,
Qu'exigez-vous de plus ?

LINCOLN.

Montre une ardeur nouvelle
Sans crainte, sans détour, viens t'unir avec nous.
Hésite-tu ?

FLORIMAN.

Jamais, et je me livre à vous.
Sans méfiance aussi que votre cœur s'explique.
J'ai la foi d'un enfant, la bonne foi rustique.

LINCOLN.

Viens montrer les effets de cette bonne foi ;
Viens donner cette preuve à milord comme à moi.
Voir ses amis par goût est un plaisir sensible ;
Les voir par intérêt est un supplice horrible.
J'écarte mes soupçons, je glisse en ce moment,
Sur tous tes procédés qui m'ont aigri souvent.
Je ne te parle plus de cette survivance ;
Je cesse de penser qu'après tant d'assurance,
Tu veuilles m'abuser et glacer mes transports
Par de vaines terreurs ou par de faux rapports.
Ton retour assuré dans cette conjoncture,
Doit être pour Murel d'un favorable augure.
Je cours l'en informer : je ne puis l'éviter,
Et je te joins après pour ne plus te quitter.

FLORIMAN.

Puisque sur mon retour, le bon homme s'assure,
Faisons-lui prendre ici quelque fausse mesure.

LINCOLN, *revenant*.

Tu penses comme moi ?

FLORIMAN.

Tout comme vous voudrez.
(à un domestique.)
Reconnaissez-le bien ; vous le consignerez.
(seul.)
Oublié dans ces lieux, oui pour peu qu'il y reste
Et qu'il serve milord, il faut qu'on l'y déteste ;
Qu'il devienne suspect, qu'il parte sans espoir,
Abreuvé de dégoûts, et lassé de nous voir.

Fin du second Acte.

ACTE III.

SCENE PREMIERE.

VERTON SOPHIE.

VERTON.

Calmez cette douleur.
SOPHIE.
J'ai vu partir mon pere
On l'opprime, on l'exile, et tout me désespere.
Il cachait son départ, il s'éloignait de moi,
Sans m'apprendre son sort... Aurait-il vu le roi ?
Quel ordre en ce moment, précipitant sa fuite,
Le force à s'éloigner sans Sophie et sans suite ?
VERTON.
Le roi dès le matin pour la chasse est parti.
SOPHIE.
N'a-t-il point vu milord ? milord l'a-t-il suivi ?
Il fuit sans moi, Verton, dans ce malheur extrême,
Qui peut le séparer d'une fille qu'il aime ?
Est-ce un ordre du prince ? est-ce milord ? Grands dieux !
Tout ajoute à l'horreur de mon état affreux.
J'apprends contre milord, qu'on agit, qu'on intrigue;
Pour avoir ses emplois chacun forme sa brigue.
On l'accuse tout bas, on répand sourdement
Qu'il s'est aux ennemis lié secrétement.
Ainsi que vous jadis, pour fuir la barbarie
Des tirans de l'Ecosse, il quitta sa patrie.
Il en est oublié ; mais ces bruits dans les cours
Volent de bouche en bouche, en augmentant toujours.
VERTON.
Un inconnu tantôt, feignant de m'en instruire,
Pour les accréditer cherchait à me séduire.
Il croyait qu'on ne peut balancer un moment

Entre une trahison et son avancement.
D'un tas de courtisans il me prêtait les vices.

SOPHIE.

Ah! si l'on publiait de pareils artifices.
Qui ne fuit les honneurs quand pour les acquérir,
Ou pour les conserver on cherche à l'avillir?
Tâchez de découvrir l'auteur de l'imposture.
Tout peut nuire ou servir dans cette conjoncture,
Le roi sur ces rapports, a pu se prévenir.
Hélas! jamais un roi n'est trop lent à punir!
Et la sévérité, la haine ou la vengeance,
Ont fait souvent gémir la timide innocence.

VERTON.

S'il faut s'en rapporter aux discours de Monlor,
L'exil de votre pere est très-douteux encor.

SOPHIE.

Vous doutez de l'exil, lorsqu'un destin contraire,
Redouble à chaque instant ses fureurs sur mon pere;
Lorsqu'un départ si prompt et si mystérieux
Annonce à tous l'exil qu'il dérobe à mes yeux.
On cherchait pour nous perdre un moment favorable.
Ce moment est trouvé.

VERTON.

Milord n'est point coupable.

SOPHIE.

Mais il se décourage. Il cede à son destin.
Tel resiste long-tems qui succombe à la fin.
S'il n'était exilé, laisserait-il Sophie?
Fuirait-il ce séjour quand on l'y calomnie?
On se plaint de la cour qu'on ne saurait quitter.
La contrainte où l'on vit peut-elle en rebuter?
Tel y reste malgré les dégoûts qu'il essuie,
Tel en est exilé qui jamais ne l'oublie.

VERTON.

A nous cacher son sort qui pourrait l'obliger?

SOPHIE.

Par ses nouveaux malheurs il craint de m'affliger.
J'allais suivre ses pas, soulager sa vieillesse,
Partager ses destins. » Que votre crainte cesse,
» M'a-t-il dit, attendez des ordres absolus.
» N'agissez point. Vos soins deviendraient superflus.
» Sur ce revers fatal qui s'adoucit peut-être
» Soyez tranquille encor». Tranquille! eh, puis-je l'être?

Il

Il a tant de rivaux. Qui sait si de mes bras
Aujourd'hui pour toujours il ne s'arrache pas ?
Qui sait en quels climats mon pere se retire ?

VERTON.

Mais demain au plus tard songez qu'il doit m'instruire.

SOPHIE.

Hélas ! il m'embrassait et retenait ses pleurs.
Je le voyais gémir de causer mes douleurs.
Il rassurait mon ame; insensible à ses peines,
Il n'était occupé qu'à soulager les miennes.
Mais il m'annonce envain qu'elles doivent finir.
A-t-on vu ses amis pour lui se réunir ?
Damis qui tant de fois brigua notre alliance,
Voit-il dans nos malheurs éteindre sa constance ?
Mon hymen l'éloignait; mais s'il chérit milord,
S'il veut me mériter, peut-il nous fuir encor ?

VERTON.

On prodigue aisément une fortune immense
Tant qu'on est assuré d'une honnête oppulence ;
Mais on craint d'exposer sa fortune et son rang,
Quand on peut à jamais tout perdre en un instant;
Ainsi vos vrais amis vont se faire connaître.

SOPHIE.

J'entends; et pour milord aucun n'ose paraître.
Aucun sur l'amitié, n'est-il de bonne foi ?
Ne pense-t-on ici, ne vit-on que pour soi ?
La misere d'autrui peut-elle être étrangere ?
Ah ! l'honnête homme ici, s'il a du bien à faire,
A ne faire aucun mal se borne simplement.

VERTON.

Cependant près du roi, mon pere et Floriman
Doivent agir.

SOPHIE.

Hélas ! qu'on tarde à m'en instruire.
Je crains que Floriman... Ses délais peuvent nuire.
Dois-je le condamner ? Ciel ! après tant d'amour
Pourrait-il y manquer sans crainte et sans retour !

VERTON.

Il vous fait avertir des soins qu'avec mon pere...

SOPHIE.

Hélas ! sur leur succès rien encor ne m'éclaire.
Laissons-le de la cour savourant les douceurs,
S'applaudir méchamment de tramer des noirceurs.

C

Mais que de ses pareils la disgrace fréquente,
Du destin qui l'attend soit l'image frappante.
VERTON.
L'accusez-vous ?
SOPHIE.
Mon cœur que tout vient déchirer,
Voudrait sur Floriman pouvoir se rassurer.
Il connaît ce séjour mieux que Lincoln peut-être ;
Il connaît nos amis et ceux qui pourraient l'être.
Il sait ce qu'à milord l'envie ose imputer,
Ce qu'il faut que j'espere, et ce qu'on peut tenter.
VERTON.
Le voici. Vous verrez s'il manque à sa promesse.

SCENE II.
SOPHIE, FLORIMAN.
SOPHIE.
Raffermissons mon cœur.
FLORIMAN.
Cachons-lui ma détresse.
(*haut.*)
Je viens vous rassurer. Ces yeux de pleurs noyés,
S'ouvriront à la joie.
SOPHIE.
Et vous nous évitiez !
FLORIMAN.
Moi ! je m'éloignerais de milord, de Sophie !
Ah ! qu'on m'oublie ici si mon cœur les oublie.
Oui, j'étais loin de vous, mais n'ai-je pu saisir
Des momens précieux sans vous en avertir ?
On osait dans ces lieux déprimer votre pere,
L'accuser, le noircir. J'ai percé ce mystere,
J'ai ranimé des gens glacés ou prévenus,
Ecarté des rivaux. Mes soins seront connus.
J'eus béni ces momens où je me sacrifie,
S'ils ne faisaient couler les larmes de Sophie.
SOPHIE.
Mais votre éloignement, un silence douteux...

FLORIMAN.
On accusait milord : m'épargne-t-on, grands dieux?
Songez que s'il succombe, il faut que je périsse.
D'un bruit trop répandu j'ai prouvé l'artifice.
Ces bruits injurieux, vous les saurez un jour.
Que d'horreurs ! quel païs ! Je le fuis sans retour.
On passe ici sa vie à briguer quelques places,
A s'envier d'un roi le coup d'œil ou les graces,
A supplanter les gens qui peuvent parvenir,
Ou l'on meurt de regret de ne rien obtenir.
SOPHIE.
Mais l'exil de milord !
FLORIMAN.
Fausseté, je parie.
SOPHIE.
Sa disgrace...
FLORIMAN.
N'est rien.
SOPHIE.
Il l'assure à Sophie.
Mais...
FLORIMAN.
J'en aurai la preuve... En ce lieu corrompu,
Il est encor des cœurs qu'enflamme la vertu.
Clitandre, Alvar, Damis... Mais je dois vous instruire
Que si Lincoln agit, Lincoln pourrait nous nuire.
SOPHIE.
Lincoln.
FLORIMAN.
Son amitié si rare, dans ces lieux
Le rend plus respectable et plus grand à mes yeux;
Mais il est intraitable avec sa méfiance ;
Il glace nos amis, il lasse leur constance.
Daignez calmer son zele, et prévenir milord.
A la meilleure cause, on peut faire un grand tort.
Avec leurs préjugés, leurs vertus, leurs scrupules,
J'ai vu tous ses pareils se rendre ridicules.
Mais les momens sont chers. Pardon, il faut agir.
(il veut sortir.)
SOPHIE.
Lincoln vient dans l'instant je veux vous réunir.
FLORIMAN.
Tout délai pour milord peut-il être excusable ?

SOPHIE.

Si des moindres noirceurs je vous crois incapable;
Si vous m'aimez encor, sachez à votre tour,
Qu'il ne m'est plus permis d'écouter votre amour,
Tant qu'on peut pour milord soupçonner votre zèle.
Je veux bien hésiter à vous croire infidelle;
Mais...

FLORIMAN, *s'échappant.*

Coyez mon amour, vos yeux et mes sermens.

SCENE III.

LES MEMES, LINCOLN, *retenant Floriman.*

LINCOLN.

Viens te justifier.

FLORIMAN.

O funestes momens !
(*à Sophie.*)
De peur de vous manquer souffrez que je l'évite.

LINCOLN.

Quand je puis le confondre, il veut prendre la fuite.

SOPHIE.

Dieux! quel est mon malheur ! je tremble également
Pour le destin d'un pere et les feux d'un amant.

FLORIMAN.

Ah ! daignez...

SOPHIE.

Non restez. Eclaircissez Sophie.

FLORIMAN.

Songez à ses soupçons.

LINCOLN.

Sachez sa perfidie.

FLORIMAN.

Il vient pour m'accuser, et je vous l'ai prédit.

LINCOLN.

Il feint d'aimer Murel, et l'ingrat le trahit.
Tu sors.

FLORIMAN.

Oui je pourrais, quand tout me justifie,
M'oublier, oublier ce qu'on doit à Sophie,

A d'antiques bontés que vous...
LINCOLN.
Eclaircis-moi,
Ou je te crois coupable ; et tu l'es je le voi.
FLORIMAN.
Jusqu'à présent, monsieur, j'eus quelque déférence,
Par respect pour votre âge et par reconnaissance ;
Mais vous en abusez. Songez, songez à vous.
De l'Ecosse proscrit, étranger parmi nous,
Craignez-y des mortels dont la juste vengeance,
Vous fit toujours cacher vos noms, votre naissance ;
Craignez d'y retrouver plus d'un accusateur.

SCENE IV.
LINCOLN, SOPHIE.
LINCOLN.

Ciel ! que d'ingratitude, et quel comble d'horreur !
SOPHIE.
Il peut avoir des torts, mais...
LINCOLN.
S'il n'était coupable
Craindrait-il dans Lincoln, un témoin rédoutable ?
Craindrait-il en public de s'unir avec nous ?
D'éclater pour milord, de s'immoler pour vous ?
J'éprouve qu'à la cour il est double maniere
De rompre avec les gens dont on veut se défaire.
On se fâche contre eux, ou par de longs délais,
On sait les rébuter de suivre leurs projets.
Il voulait me tromper : je lisais dans son ame.
J'ai fait parler soudain le courroux qui m'enflamme.
Il a pris ce prétexte, et rompant l'entretien
Il cachait son dépit, moi j'affiche le mien.
Que n'allions-nous du prince implorer la justice !
SOPHIE.
On se nuit quelque fois, si l'instant n'est propice ;
Mais on a confirmé qu'il agit pour milord ;
Qu'Alvar, Damis, Orgon...
LINCOLN.
Ses complices encor.

SOPHIE.

Il s'unissait à vous, il voulait vous conduire
Chez des gens...

LINCOLN.

Sans crédit, ou portés à nous nuire.
Ceux qui m'auraient servi, je ne les trouvais pas.

SOPHIE.

Cet obstacle en ces lieux arrête à chaque pas.
Mais le bien qu'on a dit...

LINCOLN.

Au pays où nous sommes,
C'est par le bien qu'ils font, qu'on doit juger des hommes.
J'y vois tant de noirceurs. L'un dit du bien d'autrui,
Pour que l'autre à son tour en dise autant de lui.
Chaqu'un contraint sans cesse une humeur trop sincere,
Crainte qu'à sa fortune elle ne soit contraire.
Voilà comme un mortel, attiré par l'espoir
De s'élever, ici change du blanc au noir.

SOPHIE.

Ses amis cependant ont tenté.

LINCOLN.

Bagatelle.
C'est pour vous abuser qu'il parle de leur zele.
On se vante en ces lieux de ce qu'on ne fait pas;
On veut de ses rivaux prolonger l'embarras;
On craint de son crédit la perte accidentelle.
Jugez donc pour Murel, si l'on montre un vrai zele.
Tous ses amis tremblaient pour eux plus que pour lui.
Qui tremble pour soi-même, agit-il pour autrui?

SOPHIE.

N'ont-ils pas de milord embrassé la défense?

LINCOLN.

On veut qu'à l'entamer un autre ici commence.
L'autre élude ou refuse. Ils se défont des gens
Sans être compromis, sans qu'ils soient mécontens.
A de vieux courtisans on n'en n'impose guere.
Si Floriman agit, si ce zele est sincere;
S'il aime autant milord, qu'il veut le témoigner,
En détournant mes soins, pourquoi donc s'éloigner?

SOPHIE.

Il nous montrait ce zele, il voulait qu'en province
On employât milord.

LINCOLN.
Oui, qu'il fut loin du prince.
Ce motif spécieux, l'éloignant à jamais,
Bien plus que son exil servait à leurs projets.
SOPHIE.
Floriman est venu près de nous.
LINCOLN.
Le parjure,
Voudrait habilement colorer sa rupture!
Vous détacher de moi, chercher à découvrir
Les desseins de milord, pour l'empêcher d'agir.
S'il fallait renouer il vous ménage encore.
On baise dans ces lieux les mains que l'on abhorre.
SOPHIE.
Hélas!
LINCOLN.
S'il n'empruntait un dehors séducteur;
S'il ne masquait son ame, il nous ferait horreur.
Sincere avec les gens dont il n'a rien à craindre,
Fourbe avec ses égaux, et toujours prêt à feindre,
Il veut nous désunir et me rendre odieux.
Qui peut d'un courtisan, au cœur insidieux,
Sonder, connaître à fond ces ramas d'artifices?
SOPHIE.
Eh! quel cœur innocent peut croire à tant de vices?
LINCOLN.
Qui sait si par son ordre on séduisait mon fils?
Pour qui les voit de près, les grands sont bien petits.
Il délaisse Murel; bientôt à force ouverte,
Pour avoir ses emplois il ourdira sa perte;
Et son ambition de forfaits en forfaits,
Le conduira toujours sans s'assouvir jamais.
Vous doutez, je le vois, de son impatience;
Mais tout se brigue ici, tout se promet d'avance,
Et tant de concurrens forment les mêmes vœux,
Qu'on doit les prévenir pour l'emporter sur eux.
Je vais aux pieds du roi. Je sens ce qu'on projette.

SCENE V.

LES MEMES, VERTON.

VERTON.

Ah ! mon pere ! évitez le sort qu'on vous apprête.
Le duc Dalvar...

SOPHIE.

Je tremble.

LINCOLN.

Eh bien ?

VERTON.

Le duc d'Alvar
Vous envoyait chercher. Monlor vient de sa part.

LINCOLN.

Qu'importe, un duc d'Alvar dans cette conjoncture ?

VERTON.

On vous suit, on s'informe, et tout bas on murmure;
On parle d'ordre enfin ; on ne s'explique pas.

LINCOLN.

Et cela t'intimide ?

SOPHIE.

O surcroît d'embarras !

VERTON.

Au duc d'Alvar, lui seul qui peut vous en instruire ;
Monlor s'est à l'instant chargé de vous conduire ;
Et pour vous épargner plus d'un désagrement.

LINCOLN.

Alvar de ma province a le département;
Mais....

SCENE VI.

LES MEMES; MONLOR.

MONLOR.

Près du duc d'Alvar, monsieur, daignez vous rendre.

SOPHIE.

Pour milord, désormais que peut-il entreprendre ?

LINCOLN.

Quel motif si pressant ? et qu'ai-je, s'il vous plait ?
A démêler avec...

MONLOR.

J'ignore ce que c'est.
Par intérêt pour vous, je m'offre à vous conduire

SOPHIE.

Il faut l'y dévancer....
(à Monlor.)
Ne peut-on m'en instruire ?

LINCOLN.

Que peut-on m'imputer ? Alvar est-il jaloux,
Détaler le pouvoir qu'il s'arroge sur nous ?
Me croit-il un mortel d'humeur douce et commode
Qu'on opprime à son gré, qu'on condamne à sa mode ?

VERTON.

Un exil...

LINCOLN.

Un exil peut-il faire trembler ?
On doit trouver en soi de quoi s'en consoler.

MONLOR.

En prévenant le roi, cet homme va peut-être
Vous ôter les moyens de vous faire connaître.
Ne vous l'attirez point encor pour ennemi.
Il ne saurait haïr ou n'aimer qu'à demi.
S'il veut nuire à quelqu'un dans sa fougue imprudente,
Dût-il aussi se nuire, il n'est rien qu'il ne tente.
Peut-être que sur vous, croyant punir milord,
Il cede par vengeance à son premier transport.
L'air de la cour, les grands, leur exemple contraire,
N'ont jamais sur ce point changé son caractere.

VERTON.

Milord est éloigné, l'on rend milord suspect,
Et vous êtes amis. Soyez plus circonspect.
Aux piéges d'un méchant armé de la puissance,
On voit si rarement échapper l'innocence.
Songez qu'il vous attend.

MONLOR.

Courons-y de ce pas.
Vous vous rendrez coupable en n'obéissant pas.
Je vois avec douleur qu'on pourrait l'y contraindre.

SOPHIE.

Dans l'intervalle, ô ciel! mon pere a tout à craindre.
(elle sort.)

VERTON.

Je vous suis. (seul.)
Je soupçonne Alvar et le marquis.
Contre un infortuné l'on se croit tout permis.
Ils chercheront des torts, des crimes à mon pere;
Que ne puis-je creuser ce ténébreux mystere!

SCENE IX.

FLORIMAN, VERTON.

FLORIMAN.

J'APPRENDS dans ce moment, et j'en suis fort surpris,
Qu'on arrête Lincoln; que vous êtes son fils.
Cet ordre est effrayant. D'autres pourraient peut-être
Se plaindre de Lincoln qui m'osait méconnaître;
Qui m'osait soupçonner; mais il est malheureux,
Et tout est oublié.

VERTON, à part.
Scélérat dangereux!

FLORIMAN, seul.
La chûte de milord leur deviendra commune.
Qu'ils soient anéantis! leur aspect m'importune.
Lorsque pour réussir il ne faut qu'écraser
Un ennemi fâcheux, pourquoi s'y refuser?
Des volontés du roi l'on m'instruira bien vîte.
Alvar contient Lincoln. Alvar que je suscite,
De ce qu'on trame ici doit aussi m'informer.
Mais il vient.

SCENE X.

ALVAR, FLORIMAN.

ALVAR.

Tous ces bruits j'ai su les confirmer.
Milord abandonné, trahi, car il doit l'être,
Puisqu'on veut ses emplois, n'osera reparaître.
Des lettres, des propos, un tas de mécontens
Qui se plaignent de tout à chaque changemens.
J'attends sur sa conduite et sur toute sa vie,
Tant de louche.... Oh jamais il ne se justifie !
Vous les seconderez : un roi ne peut tout voir.

FLORIMAN.

L'on peut même au besoin rendre un homme si noir,
Si noir, et que l'on n'ose en prendre sa défense.

ALVAR.

Je ferai soupçonner sa plainte et son silence.
Tout jusqu'à son départ ; mais fut-il innocent,
On étaye à la cour l'accusateur puissant.
On l'accusa jadis d'une correspondance.....
Tant de fois soupçonné ; voyez comme à l'avance
Il doit être suspect.... C'est à vous d'écarter
Les gens que sur ce point, le roi peut consulter.
Mais n'imaginez plus vous ménager Sophie.
Le besoin, l'intérêt, voilà ce qui nous lie.
Joignons à ces garans ma niece.

FLORIMAN.

J'y consens.
Nous nous connaissons trop pour feindre quelque tems.
Près de deux ennemis celui qui se ménage,
S'il ne s'en fait haïr, leur cause de l'ombrage.
J'épouse votre niéce, et j'accable Murel.
Songeons à ses emplois, rien n'est plus naturel.

ALVAR.

Nous les partagerons.

FLORIMAN, *à part.*

Oui sur ce mariage
Je sonderai le roi, plus que sur le partage.

(*haut.*)
Appuyez avec art, vous noircirez milord.
Je prendrai sa défense en aggravant son tort.
Nos projets dans mes mains s'agrandissent sans cesse.
(*seul.*)
Il suivra vivement la haine qui le presse
J'emploierai nos amis. Je ferai si je peux,
Tout le bien par moi-même, et tout le mal par eux.

SCENE XI.

FLORIMAN, un DOMESTIQUE,
qui lui remet une lettre.

FLORIMAN *seul, et lisant.*

» Aux lieux où le roi chasse on a cru reconnaître
» Murel qui se cachait...» Son espoir peut renaître ;
Mais si milord, se cache il est complettement
Disgracié... L'on suit ses pas exactement.

(*Il jette les yeux sur sa lettre.*)

Par ce billet pourtant, Lindor qui veut m'instruire,
Lindor peut me tromper ou chercher à nous nuire.
Le roi chasse ici près. Courons tout éclaircir
Je crains... Ah qu'il en coûte ici pour réussir!

Fin du troisième Acte.

ACTE IV.

SCENE PREMIERE.

SOPHIE.

Alvar qui m'évitait nous est toujours contraire,
Lincoln a disparu. Je tremble pour mon pere!
Encor si Floriman venait nous informer...
Si Verton... Mais Verton, je ne puis le blâmer ;
Il m'adore en secret, il partage avec joie,
Les revers de milord pour lequel il s'emploie.
Son zele est assuré, ses soins sont assidus.
Ah! pourquoi Floriman a-t-il moins de vertus.

SCENE II.

SOPHIE, VERTON.

SOPHIE.

Alvar s'obstine-t-il à nous être contraire ?
Avez-vous vu Lincoln ? Que dit-on de mon pere ?
Floriman pourait-il aux yeux des courtisans,
En ces lieux à nos yeux manquer à ses sermens ?
Répondez... Floriman....

VERTON.
                Fut-il plus condamnable,
Il ne me sierait point de le trouver coupable ;
Mais ses détours cachés, sa conduite envers nous.

SOPHIE.
Il m'a fait dire encor qu'il nous secondait tous.

VERTON.
      crains d'être suspect. Aux dépends de ma vie,
paierais le bonheur d'être utile à Sophie.

SOPHIE.

A s'unir avec nous, il a tant d'intérêt.

VERTON.

S'il connaissait le prix d'un amour si parfait.
(*haut.*)
Je voudrais me tromper; mais dans cette occurence,
Alvar et le marquis semblent d'intelligence.

SOPHIE.

Se peut-il ?

VERTON.

Oui, Monlor croit qu'aux projets d'Alvar,
Sans paraître mêlé, Floriman avait part.

SOPHIE.

Floriman !

VERTON.

Cette astuce est dans son caractere.
Alvar croyait sans doute intimider mon pere,
Le retenir ici, tandis que loin de nous,
Floriman à milord portait les derniers coups.
Il cherche à l'accabler, et toujours sans paraître.
Alvar, voyant Lincoln, n'a pu le méconnaître.
Il le mandait venir sous prétexte qu'ici
Lincoln cachait son nom. Mais tout s'est éclairci,
Alvar changeant bientôt de ton et de langage
A parlé de milord, a vanté son courage;
Mais il insinuait qu'il serait dangereux
De s'unir à milord; qu'en ces tems orageux
Il a contre milord des ordres.

SOPHIE.

Le perfide !
Je reconnais trop tard le motif qui le guide.
Faut-il que l'homme en place ose à tous ses desseins
Mêler l'autorité qu'on laisse entre ses mains!

VERTON.

Mais mon pere indigné la quitté sans l'entendre.

SOPHIE.

Milord est éloigné; pourra-t-il se défendre.

VERTON.

Ses rivaux maintenant oseront moins tenter.
On craint un ennemi qu'on voudrait écarter.
Mais on craint de se perdre; on sait que votre pere
Est estimé, chéri.

SOPHIE.
Que faut-il que j'espere ?
VERTON.
Vous savez qu'à la cour tout change en un moment.
SOPHIE.
Eh ! qui pourrait changer le cœur de Floriman !
VERTON.
Le roi chassait encor dans la forêt voisine,
Mon pere l'a suivi; vous savez s'il s'obstine ;
Mais il revient.
SOPHIE.
Si-tôt. Ah ! ses efforts sont vains,
Ne verrons-nous jamais adoucir nos destins.

SCENE III.
LINCOLN, VERTON, SOPHIE.

LINCOLN.

DE Murel près du roi, j'embrassais la défense;
Nous étions écartés, j'étais plein d'espérance.
Le roi sans s'expliquer sur moi, ni sur milord,
Dans son étonnement l'a demandé d'abord.
Il n'était pas bien loin. Vous avez su peut-être
Qu'ayant suivi la chasse, il craignait d'y paraître
J'ai couru pour le voir. Je n'ai pu lui parler ;
Mais on dit que cet ordre a semblé le troubler.
Il fut moins agité, moins ému ; je parie,
Quand il vint annoncer sa disgrace à Sophie.
SOPHIE.
Quel bonheur !
LINCOLN.
Mais le roi m'a paru fort surpris
Qu'on osa sur milord répandre certains bruits.
SOPHIE.
J'étais certaine aussi qu'il n'était point coupable.
VERTON.
Vous voyez qu'à nos vœux le sort plus favorable.
SOPHIE.
Ah ! si dans nos malheurs nous trouvons des amis,
Leurs services pour nous doivent doubler de prix.

LINCOLN.
Le roi m'a renvoyé près de vous, et je pense
Que Murel n'a jamais perdu sa bienveillance.
SOPHIE.
Je le désirerais pour punir Floriman.
LINCOLN.
Murel fut trop tranquille et trop indifférent.
Sans doute à ce revers qui vous paraît terrible,
Quand on est préparé l'on devient moins sensible.
Mais qui perd tout-à-coup sa fortune et son rang
Contemple-t-il sa perte en homme indifférent ?
VERTON.
Oublier ses malheurs est le devoir du sage.
LINCOLN.
Les supporter sans plainte est plutôt son partage.
Il avait avec nous un air mystérieux.
SOPHIE.
Nous serons éclaircis; il viendra dans ces lieux.
Lincoln a décidé le destin de mon pere.
O honte pour ces grands méconnus du vulgaire !
Milord fut leur soutien; les ingrats l'ont trahi.
Il n'a rien fait pour vous, et vous l'avez servi.
LINCOLN.
Pour qu'il triomphe encor mettons tout en usage.
Non, qu'à vivre en ces lieux jamais je l'encourage.
Qui peut y renoncer s'épargne des regrets,
Des soucis, des tourmens et souvent des forfaits.
Un flatteur à la cour est plus certain de plaire,
Plus sûr de parvenir qu'un cœur franc et sincere.
SOPHIE.
De vos bontés pour nous mon cœur est pénétré.
Que le marquis sera confus, désespéré :
Que pourra-t-il penser ?
LINCOLN.
Qu'importe ce qu'il pense ?
Il saura la nouvelle, et changeant d'espérance,
Il reviendra vers nous. L'intérêt dans son cœur
Fait naître l'amitié la haine ou la froideur.
SOPHIE.
L'ingrat !
LINCOLN.
A s'excuser il parviendra peut-être

Sous tant d'aspects divers on le voit reparaître,
Oui craignez...

SOPHIE.

Et mon cœur désirait si souvent
Que l'on dût au marquis cet heureux changement
Il m'en avait flattée, il cherchait à me plaire.
Qui n'eût été trompée !... Ah ! s'il voyait mon pere.

LINCOLN.

Votre pere bientôt saura tous ses projets.
On dit, et je le crois d'après tant de forfaits,
Que pour se l'attacher sans retour, sans partage,
A sa niece Clarice, Alvar, Alvar l'engage.

SOPHIE.

Et le traître y souscrit !

LINCOLN.

Oubliez-le à jamais...
Comment ! vous hésitez.

SOPHIE.

Non.... Je vous le promets.

VERTON.

Ah ! malgré son dépit, on voit qu'elle l'adore.

SOPHIE.

Moi l'aimer ! dites-vous ! Oui, monsieur, je l'abhorre.
D'autres l'excuseraient. Milord fut sans appui ;
Floriman crut se perdre en s'unissant à lui ;
Mais briguer sa dépouille, et nous montrer du zele !...
Mais épouser Clarice, et paraître fidelle !...
Que n'ai-je pu douter !...

VERTON.

Son cœur plein de combats,
L'accuse devant nous, et l'excuse tout bas.

SOPHIE.

Croyez-vous qu'il revienne après un tel outrage !
De se justifier aurait-il le courage ?

LINCOLN.

C'est l'homme le plus souple et le plus dangereux ;
Evitez son aspect.

D

SOPHIE.

Je braverais ses fœux.
Oui croyez que mon cœur moins facile et moins tendre...

LINCOLN.

Ce n'est qu'en le fuyant, qu'on pourrait s'en défendre,
Hélas! je désirais, formant des nœuds plus doux,
Vous unir au mortel qui ne vit que pour vous.

SOPHIE.

Floriman! ah, monsieur, sa trahison insigne
De nous, de notre amour, vient de le rendre indigne.

LINCOLN.

Quoi! toujours Floriman?

SOPHIE.

Pour tromper son espoir,
Pour punir ses noirceurs, je brûle de le voir.

LINCOLN.

Le voici. Mon courroux se rallume à sa vue.

SOPHIE.

Hélas! à son aspect, ma haine diminue.

SCÈNE IV.

FLORIMAN, LINCOLN, VERTON, SOPHIE.

LINCOLN.

Qui t'attire en ces lieux?

FLORIMAN.

Je viens vous obéir,
Vous seconder l'un l'autre.

LINCOLN.

Ou plutôt nous trahir.

FLORIMAN, *à Sophie.*

Pardonnez une absence et dure et nécessaire;

Comédie.

J'ai servi mon amour, Verton, et votre pere.

VERTON.

Moi !

SOPHIE.

Mon pere !

LINCOLN.

Verton !

FLORIMAN.

Vous obtenez enfin
Ce poste que sans moi vous demandiez en vain.

VERTON.

Qu'entends-je !

SOPHIE.

Quel espoir !

FLORIMAN, *à Sophie.*

C'est une survivance
Qu'Alvar lui refusait et...

LINCOLN.

Par reconnaissance
Il veut nous engager à cacher ses forfaits.
Verton te mésestime, il doit fuir tes bienfaits.

FLORIMAN.

Je ne me borne point à ce léger service.

VERTON.

Je n'en accepte aucun, s'il faut que j'en rougisse.

FLORIMAN, *à Sophie.*

Vous voyez, les bienfaits ne font que des ingrats.

VERTON.

Qui les obtient ainsi ne les mérite pas.
(*à Floriman.*)
Vous disposez bientôt d'une place accordée
Qu'en vain au duc pour moi vous aviez demandée.
Je sai que la faveur peut tout ; mais ce bienfait
Après ce qui se passe entre nous est suspect.
La conduite envers moi que vous avez tenue,
Le vif ressentiment dont j'avais l'ame émue
Ne m'ont point aveuglé. Tout serait oublié
Si vous aviez servi milord disgracié.

D 2

LINCOLN.

C'est trop le ménager. Ta douceur l'autorise.

VERTON.

Votre haine à son tour rend Sophie indécise.
Il profite de tout.

SCENE V.

FLORIMAN, LINCOLN, SOPHIE.

FLORIMAN, à Sophie.

J'AI cru les obliger.

LINCOLN.

Comme on sait s'applaudir d'un service léger !
Non content d'oublier le père de Sophie,
Il briguait ses emplois.

FLORIMAN.

Moi ! quelle calomnie !
A moins qu'un ordre exprès me les eût fait remplir...

LINCOLN.

On nous tient ce langage en voulant nous trahir.
On feint de dédaigner ce qu'on brigue à l'avance.
Mais je ne peux, marquis, faire une différence
De ce fripon titré qui dans la cour des rois,
Cherche à vous enlever vos places, vos emplois,
Ou de ce vil mortel, qui souvent sans ressource,
Vient sur un grand chemin vous demander la bourse.

FLORIMAN.

Ma parole et ma foi...

LINCOLN.

Voilà de ces discours
Qu'on tient à tout le monde, et qu'on dément toujours.
De l'air le plus flatteur on invite, on nous presse ;
Rien ne coûte, en un mot, qu'à tenir sa promesse.
Et s'il ne sait contre eux se munir à propos,
Ici l'homme d'esprit est la dupe des sots.

FLORIMAN.

Eh bien ! pour vous prouver une amitié sincere,
Ma sœur est de ces lieux la plus riche héritiere.
Verton peut l'épouser. Tous les trois réunis,
Nous placerons ici nos parens, nos amis.
Vous reprendrez un rang, un poste respectable;
Notre vaste crédit sera plus redoutable;
Et pour se soutenir ou pour être placé,
Chacun à nos destins devient intéressé.
(*à Sophie.*)
C'est pour vous que j'agis.

LINCOLN.

                Il n'est rien dans la vie
Qu'à son ambition l'ingrat ne sacrifie.
J'ignore si sa sœur souscrirait à ses vœux.
Verton qui vous adore, aspire à d'autres nœuds.
Floriman croit les rompre, et dans ces conjonctures,
Voyez qu'il sait agir par dégrés, par mesures,
Nous fuir, se rapprocher selon ses intérêts,
Et nous mettre hors d'état de lui nuire jamais.
(*à Floriman.*)
Milord refuserait. Tu sais comme il abhorre
L'intrigue et les détours.

SOPHIE.

           Le marquis m'aime encore.

LINCOLN.

Tu me hais, tu me crains, tu voudrais m'engager
A cacher tes projets, même à te ménager.
Ne pouvant éclater, tu cherches à te contraindre.
Nous tremblions pour Murel. Son sort n'est plus à craindre,
Et d'après son retour, ses soins et son ardeur,
Vous n'en sauriez douter, Murel est en faveur.

FLORIMAN.

Ah ! son pressentiment n'est que trop véritable.

LINCOLN.

Si du moindre retour, je le croyais capable...
Mais qui pourrait compter sur sa sincérité !
L'intérêt à la cour bannit toute équité.
Qu'est-ce qu'un courtisan ! Un cœur plein de souplesse,
Egalement paitri d'orgueil et de bassesse.

Un homme ambitieux, envieux, intrigant,
Toujours plein de projets, et toujours méfiant.
Son unique talent est de tromper son maître,
D'encenser ses défauts qu'il s'empresse à connaître,
De les faire servir à tous ses intérêts,
De ramper devant lui, pour s'élever après.
Nieras-tu qu'un tel homme à l'œil faux, au cœur traître,
En le flattant toujours ne dégrade son maître ?
Qu'il n'extorque de lui, par son avidité,
Les graces que jamais il n'avait mérité.
Que chez ses créanciers il n'aquitte ses dettes,
En faisant retomber des emplois sur leurs têtes ;
Et qu'il n'abuse ainsi des bontés de son roi.
Voit-on qu'un courtisan soit fidelle à sa foi ?
Les services près d'eux dont on tirerait gloire,
Si-tôt qu'ils sont rendus, sortent de leur mémoire,
Et tel qu'on force encor d'en mendier le prix,
Est payé de dégoûts de haine et de mépris.

FLORIMAN.

Faut-il s'en prendre à moi, lorsque par caractere,
Par intérêt, par crainte, on est si peu sincere.
Mais vous blâmiez Alvar, et vous le soupçonniez.

LINCOLN.

Oui, de s'unir à toi.

FLORIMAN.

Les soins que vous preniez
Sont-ils si merveilleux pour dépriser les nôtres ?
On pourrait tout fronder ; mais j'applaudis aux vôtres,
Et c'est de bonne foi.

LINCOLN.

Traitre !

(haut).
Contre milord
Certains amis de cour, avec toi sont d'accord.
Du rang qui fait leur prix, je cesse d'être dupe.
Je distingue le rang de celui qui l'occuppe,
Et je retrouve en eux, dans chaque occasion,
Le ton de l'honnête-homme, et l'ame du fripon.
(à Sophie.)
Mais je saurai d'Alvar qui lui promit Clarice...

SCENE VI.

FLORIMAN, SOPHIE.

FLORIMAN, *en retenant Sophie.*

De ce mensonge adroit concevez l'artifice.
Et son fils qu'avec vous il désirait unir.

SOPHIE.

Ingrat ! par cet hymen puisse-t-on vous punir !
Cessez de m'éluder. Si je vous étais chere
Vous n'auriez évité ni Lincoln, ni mon pere.
Que dis-je ? en cet instant on vous verrait jaloux,
Qu'en secondant mon pere on l'emportât sur vous,
Je vous applaudirais si votre ame occupée
De pareils sentimens... Mais vous m'avez trompée ;
Et votre ambition qui s'accroît chaque jour,
Cause tous nos malheurs.

FLORIMAN.

On la puise à la cour.
Mais si l'ambition s'empara de mon ame,
La vit-on altérer ma constance et ma flamme ?
Ai-je jamais brigué ces honneurs dangereux
Que pour les partager avec vous, dans ces lieux ?
Si vous les dédaignez mon cœur les sacrifie.
Je ne veux désormais qu'un désert et Sophie.
Aurais-je pu vous fuir ! Quand vous n'y serez pas,
Ces lieux, pour Floriman, auront-ils des appas ?
Puis-je exister sans vous ? On parle de Clarice ;
Son cœur moins prévenu, m'aurait rendu justice.
Elle eût vu mon amour, mes tourmens, mes regrets.
Cruelle ! entre elle et vous, balançai-je jamais !
Quand je prouve à Verton un zele si sincere,
Pouvez-vous soupçonner mes soins pour votre pere ?
J'esperais le fléchir ; mais Lincoln en courroux,
Pour une éternité l'anime contre nous.
Lincoln rompra nos nœuds, ces nœuds que je réclame.

SOPHIE.

Ah dieux !

FLORIMAN.

Si ma tendresse a su toucher votre ame,
Détournez ce malheur. Milord peut me punir.
Contre Lincoln au moins daignez le prévenir.
(*plus tendrement.*)
Me refuserez-vous la grace que j'implore ?

SOPHIE.

Ah marquis !... Mais mon cœur ne peut se rendre encore.
(*à part.*)
Que va dire milord ?... Je passe tour-à-tour
De la crainte à l'espoir, de l'espoir à l'amour.

FLORIMAN.

Je suis anéanti. Lincoln dans sa vengeance,
Peut du cœur de milord bannir toute indulgence.
Pour l'hymen de Verton, milord vient dans ces lieux.

SOPHIE.

Se peut-il ?

FLORIMAN.

Saisissez des momens précieux.

SOPHIE.

Votre conduite ici parut si criminelle !

FLORIMAN.

Lindor, Damis, St.-Fard répondront de mon zele.

SOPHIE.

Eh bien, s'il est ainsi, si vous me promettez...

FLORIMAN.

Eh ! qui pourrait jamais oublier vos bontés !
Oui mon amour s'accroît par ma reconnaissance.
Souffrez que cet amour, ardent, plein d'espérance,
Pour hâter notre hymen et pour fléchir milord,
Tente tous les moyens qui s'offriraient encor.

SOPHIE.

Trop prompte à pardonner, hélas ! puisse Sophie
S'en applaudir long-temps !

FLORIMAN, *en la reconduisant jusqu'à l'appartement de Murel.*

Vous me rendez la vie.
Pour appaiser milord saisissez cet instant.

SCENE VII.

FLORIMAN, *seul et en revenant.*

MILORD peut refuser; mais Clarice m'attend.
Refuser !... Après tout parais-je si coupable ?
Et quand je le serais. Une lettre impayable
Obligera milord de souscrire à mes vœux.
Il sait, il sait qu'on m'aime, il va me croire heureux.
Ainsi malgré Lincoln, Verton, milord lui-même,
J'obtiendrai Sophie... Oui ce moyen est extrême,
Dangereux, mais unique... On pourrait l'excuser.
Qui tremble de tout perdre a droit de tout oser.
Mais Lincoln... Attendons l'instant de la vengeance;
On oublie un service et jamais une offense.
Eh quel cœur malgré lui n'est forcé d'être ingrat ?
Je vois Murel. Ma lettre opère sans éclat.

SCENE VIII.

MUREL, LINCOLN.

MUREL, *en entrant.*

O COMBLE de tourmens !

LINCOLN.
            Doutez-vous que le traître
Ait agi contre vous ?

MUREL.
        Rien n'est prouvé peut-être.

LINCOLN.
Tout le sera bientôt. J'ai fait sonder Damis;
Je dois revoir Alvar, et parler au marquis.
Mais craignez ses détours. Le fourbe, je parie,
Pour s'unir avec vous fera mouvoir Sophie.

MUREL.
Hélas !

LINCOLN.

Vous soupirez.

MUREL.

Apprenez qu'aujourd'hui
Je ne puis éviter de m'allier à lui.

LINCOLN.

Comment ! le scélérat deviendrait votre gendre !
Concevez...

MUREL.

J'ai pesé le parti qu'il faut prendre.

LINCOLN.

Mais de sa trahison si vous êtes certain ?

MUREL.

Et quand je le serais.

LINCOLN.

Quel changement soudain ?
Pensez-vous que le roi blâmat votre rupture ?
S'il était instruit...

MUREL.

Non, sa bonté me rassure.

LINCOLN.

Floriman pourrait-il, piqué de ses refus,
Vous desservir, vous nuire ?

MUREL.

Il ne l'osera plus.

LINCOLN.

Expliquez.

MUREL.

Mon honneur et celui de Sophie...
Vous savez qu'ils s'aimaient.

LINCOLN.

Achevez, je vous prie.

MUREL.

Ils s'aimaient ; oui, monsieur, je viens de découvrir...
J'ai la lettre, lisez... Que n'ai-je pu mourir !...
Sont-ils innocens ?

LINCOLN.
Non, à juger par la lettre.
MUREL.
Il faut les unir.
LINCOLN.
Mais... je devine. Peut-être
Il a craint vos refus. Je connais ce marquis ;
Pourvu qu'il réussisse, il n'importe à quel prix.
MUREL.
Tout sera confirmé, si Sophie elle-même
Vient ici m'implorer pour un ingrat qu'elle aime.
LINCOLN.
Non, non, j'espere encor; il faut approfondir.
MUREL.
Plus j'approfondirais, plus j'aurais à rougir.
Elle a pu s'oublier! l'ingrat a su lui plaire.
LINCOLN.
Suspendez vos desseins.
MUREL.
Quel état pour un pere!
LINCOLN.
Je sais que par l'hymen on peut tout réparer,
Puisque tout est secret ; mais daignez différer.
(il sort.)

MUREL.
J'aime encor cette ingrate, et malgré sa conduite
Je déplore le sort où l'amour l'a réduite.
Il faut que je lui parle. Eh! comment obtenir
L'aveu de ce forfait que je devrais punir !

SCENE IX.
SOPHIE, MUREL.
SOPHIE.
Nous doutions du marquis ; mais jaloux de vous plaire,
Il s'offre à constater tous ses soins pour mon pere.

MUREL.

Je vois qu'elle est coupable. Ah! sauvons son honneur!

SOPHIE.

Il viendra dans l'instant dissiper votre erreur.
Vous serez convaincu par les témoins qu'il cite.
Vous ne m'écoutez point. Quel trouble vous agite?
Vous soupirez; vos yeux se détournent des miens.
Que dois-je en augurer?

MUREL.

Quels funestes liens!
(*haut.*)
Ma fille, vous savez si vous me fûtes chere.

SOPHIE.

Je n'oublierai jamais les bontés de mon pere.

MUREL.

J'élévai votre enfance, et crus jusqu'à ce jour
Par mes soins, mes bontés mériter votre amour.

SOPHIE.

Doutez-vous?

MUREL.

Ecoutez, vous répondrez ensuite.
Je n'ai jamais changé de plan et de conduite.
Pour former votre cœur, votre esprit, vos appas,
Je n'ai rien oublié, je ne m'en repens pas.

SOPHIE.

Où tendrait ce discours?

MUREL.

Tant d'amitié, je pense,
Méritait plus d'égards et plus de confiance.

SOPHIE.

Me punisse le ciel d'y manquer!

MUREL.

Cependant
Vous aimiez le marquis.

SOPHIE.

J'en conviens franchement.
Vous m'unissiez à lui... S'il déplaît à mon pere,
S'il a trahi Lincoln, peut-il encor me plaire!

Comédie.

MUREL.
Ce sentiment, ma fille, est-il si fort gravé?...

SOPHIE.
Rien ne le changera, mon cœur s'est éprouvé.

MUREL.
Vous me trompez.

SOPHIE.
Moi! non. Que mon ame est émue!

MUREL.
Quelle femme, jamais, sans être convaincue
(*haut.*)
Avouerait... Je sais tout, je vais l'unir à vous.
Vous m'y forcez, ingrats! mais craignez mon courroux.

SOPHIE.
Votre ordre pour Sophie est un ordre suprême;
Mais daignez m'éclaircir.

MUREL.
Je vois trop qu'elle l'aime.
Perfide! était-ce à vous à remplir mes vieux ans
D'amertume, de honte, et de regrets cuisans!

SOPHIE.
Vous me glacez d'effroi, mon pere, je vous jure
Par vous, par ce qu'il est de saint dans la nature,
Par un dieu qui m'entend, par ce cœur si soumis,
Qu'à jamais, s'il le faut, je renonce au marquis.
Qu'il ne se passe rien entre nous.

MUREL.
L'infidelle!
Quand j'ai de ses forfaits la preuve trop réelle.

SOPHIE.
Quels forfaits? quelle preuve?

MUREL. (*à part.*)
Allez, retirez-vous.

SOPHIE *fait un pas et revient.*
Mon pere! ah laissez-moi désarmer ce courroux!
Mon cœur formé par vous ne se sent point coupable.
Je n'ai point mérité le courroux qui m'accable;

J'en atteste vos soins et vos bontés pour moi.
J'aimais sans démentir ni ce que je vous doi,
Ni le sang dont je sors.

MUREL.

Nierez-vous cette lettre ?
Floriman... C'est un seing que vous devez connaître.

SOPHIE.

Qui peut l'autoriser à m'écrire aujourd'hui ?
Je ne reçus jamais une lettre de lui.

MUREL.

Lisez.

SOPHIE.

Que vois-je ! il veut faire entendre... Ah ! mon pere,
Il ment. Vous auriez dû présumer le contraire.

MUREL.

Lisez haut.

SOPHIE, *tremblant.*

» Si milord s'opposait sans retour,
» Dites lui que cédant l'un et l'autre à l'amour,
» Nous avons...

(*s'interrompant.*)

Pardonnez... O monstre que j'abhorre !
Il n'est rien de plus faux, je vous le jure encore.
(*continuant de lire.*)
» Cet aveu trop forcé causera sa douleur ;
» Mais c'est le seul moyen de sauver votre honneur.
(*avec indignation.*)
Mon honneur dépend-t-il, dans cette circonstance,
De la lettre d'un fourbe, et de son impudence !
Ciel ! à quoi nous expose un malheureux amour !
J'abhorre le marquis ; nous rompons sans retour.
Souffrez que je punisse un si sanglant outrage.

MUREL.

Songez à l'épouser, sans tarder davantage.
Vos feux, vos soins pour lui, nous ont trop fait rougir.
(*à part.*)
Serait-elle innocente ?

SCENE IX.

SOPHIE.

Ah ! courons le fléchir.
Courons le détromper. Ces nœuds que je déteste,
Seraient pour tous les trois le nœud le plus funeste.

Fin du quatrieme Acte.

ACTE V.

SCENE PREMIERE.

ALVAR, LINCOLN.

ALVAR, *en entrant.*

Des discours de Lincoln que je suis agité !
Lié par ses projets, par la nécessité,
Moriman envers nous peut-il être coupable ?

LINCOLN.

Quelque soit le forfait, il en sera capable.
D'un tas de courtisans qu'autrefois j'ai connu,
Rien ne doit étonner, si ce n'est leur vertu.
On répand qu'avec lui, plus d'un projet vous lie.
On le dit votre ami ; mais le traître le nie ;
Et d'après ses discours l'on jugerait d'abord,
Qu'on trame à son insçu la perte de milord.
Que Lindor...

ALVAR.

Achevez.

LINCOLN.

Doit être son complice.
On nomme un autre encor. Un parent de Clarice
(*regardant Alvar.*)
Qu'on soupçonne à bon droit. Mais jamais le marquis,
De ses desseins à fonds n'instruisît ses amis.
Vos yeux fixent les miens, et votre esprit balance.
Je vois qu'un courtisan paitri de méfiance,
S'observe, se ménage, et croit qu'à tous momens
On cherche à pénétrer ses secrets sentimens.
Eh bien, je vais répondre au soin qui vous occupe.
Du marquis pleinement vous vous trouvez la dupe ;
Et depuis que milord reprend quelque faveur,
Toujours sur sa disgrace on comble votre erreur.

ALVAR, *à part.*

Son rapport est suspect ; mais je sens qu'il m'éclaire.
(*haut.*)
Milord a vu le roi ?

LINCOLN.

C'est encore un mystere
Que vous fait le marquis. Il s'était malgré vous,
Ménagé les moyens de s'unir avec nous.
Il sait se replier. Plus ce bruit s'accrédite,
Et plus à notre égard il change de conduite.
Nous l'avons toujours vu, par différens chemin,
Courir à la fortune et masquer ses desseins.
Il vous laisse agir seul, et Damis, trop complice,
Loin de vous détromper, vous rend même service.
Contre l'ami Murel, on sait vous enflammer.
Leurs talens sont connus. J'aime à vous confirmer
Et leur tendre union et leur amour fidelle.
Vous semblez étonné

ALVAR.

Vos propos, la nouvelle
Du retour de milord...

LINCOLN.

Sur ce bruit répandu
Il témoigne à Sophie un soin plus assidu.
Songez comme avec vous il cherche à se contraindre.
Dans sa duplicité tout homme est moins à craindre.
Tout homme est moins perfide. On verrait Floriman
Empoisonner

Empoisonner la coupe et sourire en l'offrant,
Bientôt à vos dépens vous pourrez vous instruire,
Qui nuisait à milord peut chercher à vous nuire.

ALVAR.

Ah ! tant de vérité se mêle à son discours,
(haut.)
Mais Murel en faveur...

LINCOLN.

Douterez-vous toujours !
(lui remettant une lettre.)
Damis nous en instruit : il aspire à Sophie.

ALVAR.

Voilà donc les motifs de cette perfidie !

LINCOLN.

Sur l'espoir qu'en son cœur on a su ranimer,
De nouveau pour Sophie il vient de s'enflammer.

ALVAR.

Apprenez que Damis, ce traître qui m'offense,
Avec nous en secret, était d'intelligence ;
Du destin de milord, Damis plus éclairci
Tentait à nos dépens de s'élever ici.

LINCOLN.

Qu'on devrait à ce prix rougir de sa fortune !
Vous espériez en vain faire cause commune.
A demi convaincu de tant de trahisons,
Le marquis a sur vous détourné les soupçons.
Tel est l'ami de cour. Sa première maxime
Fut toujours de charger ses amis de son crime.

ALVAR.

Sachez donc qu'en ces lieux il vous rendait suspect.
Mais lisons. Mon courroux redouble à cet aspect.

LINCOLN.

Suspect ! ah je ne trouve ici que fourberie,
Trahison, injustice et noire hypocrisie.
On s'embrasse, on se trompe, et réciproquement
Chacun vante son zele, et chacun sait qu'il ment.
Tel qui se voit haï, fait bonne contenance,
Rend serment, pour serment, avance, pour avance,

Paraît compter aussi sur ces offres de cour,
Guette son ennemi qui l'épie à son tour,
Et n'attend en secret que le moment funeste
D'écraser à jamais un rival qu'il déteste.

ALVAR.

Nos communs intérêts, la chûte de milord
M'assuraient du succès dans mon premier transport.
Mais j'apprends le contraire, et je vois par la lettre,
Que Floriman agit sans trop se compromettre.
Damis le sacrifie, et prêt à m'oublier,
Floriman à son tour veut me sacrifier.

LINCOLN.

Voilà comme on parvient. D'une autre perfidie
Vous apprendrez les traits, ils concernent Sophie.
Mais tout va s'éclaircir. Que d'humains corrompus!
Que d'ingrats il faudrait n'avoir jamais connus !
Je vous peints du marquis l'intrigue et la bassesse;
Mais à le demasquer, je travaille sans cesse.
Qui pense à secourir des amis malheureux,
Tant qu'il peut les servir n'est point quitte envers eux.

ALVAR.

Le marquis est un monstre. Accablons qui m'offense,
Tout cede dans mon ame au soin de la vengeance.
Il me laisse agir seul quand tout est découvert :
Trompons donc qui nous trompe, et perdons qui nous perd.
Excusez mon dépit; milord ici s'avance,
Par un trait éclatant commençons ma vengeance.

SCENE II.

MUREL, VERTON, SOPHIE, ALVAR, LINCOLN.

ALVAR, à Murel.

Vous serez étonné. Secrétement jaloux
Des places qu'en ces lieux vous emportiez sur nous,
J'épiai mille fois le moment de vous ruire.
Le marquis dans un tems a pu vous en instruire.

Bientôt votre revers le détacha de vous;
Pour vous trahir, milord, il s'unit avec nous.
On l'aurait soupçonné de quelque perfidie.
Il rechercha Clarice, il oublia Sophie;
Il brigua vos emplois, et nous devions enfin,
A ma niece Clarice attacher son destin.
Ne me sachez point gré de cet aveu sincere;
Le dépit me l'arrache, ainsi que la colere;
Il nous trahissait tous. Vivement outragé
Je n'ai point de repos que je ne sois vengé;
Profitez contre lui du dépit qui m'anime;
Je m'offre à vous servir; mais punissez son crime;
A cet aveu, milord, si fortuné pour vous,
Je ne bornerai point sa peine et mon courroux.

SOPHIE.

Clarice! et je doutais de ces nœuds! Ah, le traître!
(*à Murel.*)
Enfin mon innocence à vos yeux va paraître.

ALVAR.

Vous n'aviez qu'un défaut. Vous aimiez le marquis.

SOPHIE.

Il a pu me noircir, s'il trahit ses amis.
Oui malgré le forfait qu'annonce cette lettre,
Je...

LINCOLN.

Tout s'éclaircira, j'ose vous le promettre.
Son cœur tendre, ingénu fut séduit aisément
Par les dehors trompeurs, et par l'art d'un amant

ALVAR.

Vous n'aviez qu'à demi connu son artifice.
J'aigrirai contre lui les parens de Clarice.
Qu'elle aide à me venger; je veux dans ma fureur,
Qu'il passe pour un fourbe et pour un imposteur;
Qu'il soit privé d'un rang qui le rend respectable;
Et qu'il soit méprisé plus qu'il n'est méprisable.

LINCOLN.

C'est promettre beaucoup.

ALVAR, *à Sophie.*

Décidez à présent.

S'il mérita jamais le moindre attachement.
Après de tels forfaits, s'il devient votre gendre,
Malheur à vous, milord, il peut tout entreprendre.

SCENE III.

LINCOLN, VERTON, MUREL, SOPHIE.

LINCOLN.

Alvar dans sa fureur va noircir Floriman;
Ils se rendront justice en se calomniant.
Voilà nos gens de cour! Quand le besoin les lie,
La confiance entre eux n'est jamais établie.
Ils se fréquentent tous, par air, par intérêt;
Se cherchent en public, s'évitent en secret.

SOPHIE.

Eh! je le pardonnais! Il a tant d'artifice
Qu'on est sans y penser sa dupe ou son complice.

VERTON.

De mon étonnement j'ai peine à revenir.

MUREL.

Par cet aveu sincere il va nous réunir.
On peut d'un fol amour désabuser Sophie.

VERTON.

Douterait-elle encor si l'ingrat l'a trahie ?

LINCOLN.

Voyez comme le fourbe employait avec art,
L'amitié de Sophie et la haine d'Alvar!
Du faible des humains, l'exacte connaissance,
Fut toujours à la cour la premiere science.

VERTON.

Pour la seconde fois l'espoir rentre en mon cœur.

SOPHIE.

Aurais-je dû m'attendre à ce comble d'horreur!

Floriman à mes yeux est un monstre exécrable !
LINCOLN.
Il aurait dû plutôt vous paraître coupable.
Vous deviez soupçonner sa fuite et son retour;
L'art qu'emploie un amant, annonce peu d'amour.
    Votre crédit, milord, qui semblait disparaître,
Et qui va triompher augmentera peut-être.
Sachez y renoncer, et par un juste effort
Prévenez le moment qui peut vous perdre encor.
Je conviens avec vous qu'en vivant en province,
On semble renoncer à la faveur du prince,
Et qu'un homme affamé de titres et d'honneurs
Vient ramper dans ces lieux pour dominer ailleurs ;
Qu'il peut être en faveur. Mais aux regards du sage,
Qu'est-ce que la faveur ? C'est un triste esclavage.
Et dans ce grand crédit, dans ces postes brillans,
On fait si peu d'heureux et tant de mécontens.
Et ces titres, milord, ces honneurs qu'on souhaite,
Au prix de son repos, il faut qu'on les achete.
Et dans le doute affreux de les garder long-tems,
La crainte de les perdre aggrave nos tourmens.

MUREL.
J'ai gémi comme vous d'un penchant trop funeste;
Mais on suit son destin et le ciel fait le reste.
De mon sort à présent vous allez être instruits.
Sur mon compte en secret on sema quelques bruits ;
Le roi fut prévenu ; ma perte était jurée;
Moi-même en ce moment je la crus assurée.
Je parus, j'éclaircis, je détrompai le roi,
Et profitant des bruits répandus contre moi,
Du marquis envers nous craignant la perfidie,
Je voulus éprouver son amour pour Sophie,
Et détruire en son cœur un tendre sentiment
Que je n'osai jamais combattre ouvertement.
A tous trois malgré moi j'en faisais un mystere.

LINCOLN.
Je l'avais soupçonné.

VERTON.
Quel bonheur !

SOPHIE.
                Ah ! mon pere !

Puis-je oublier jamais ce service important !
Daignez...

MUREL, *la relevant.*

Vivez heureuse, et je mourrai content.
Tantôt de ce palais sortant avec vitesse,
J'accréditai ces bruits par ma feinte tristesse.
Le hasard me servit. Le roi qu'on vit reveur,
Par son air occupé, confirma leur erreur.
A vos yeux, mes amis, c'est assez me contraindre ;
Loin de quitter la cour, loin de pouvoir m'en plaindre,
Je viens de recevoir pour Verton et pour moi,
Des gages précieux de la bonté du roi.
De mon gouvernement il a la survivance.
(*à Verton.*)
Vos services, monsieur, étaient sans récompense ;
Vous cessiez de l'attendre et de la demander.
Le roi plein de bontés daigne vous l'accorder.
Le mérite à ses yeux toujours certain de plaire,
Près de lui tôt ou tard trouve un juste salaire.
Vos vœux seront remplis.

VERTON.

Ah ! souffrez que mon cœur
Ne s'occupe aujourd'hui que de votre bonheur.

MUREL, *à Lincoln.*

Vos soins auprès du roi, vos soins pour ma défense,
Ont de ce maître auguste accru la bienveillance.
Sans vous il eût peut-être ignoré tant d'horreurs.

LINCOLN.

Ne songeons désormais qu'à réunir leurs cœurs.
Quand il vous méconnut, apprenez que son ame
Nourrissait pour Sophie une secrete flamme,
Et sachant que le roi lui nommait un époux,
En vous reconnaissant, il s'éloignait de vous.
Lui serez-vous encor contraire ?

MUREL.

Puis-je l'être ?
Mais nous restons toujours en suspens sur la lettre.

VERTON.

Monlor me l'a promis. Vous serez éclairci
Pleinement.

LINCOLN.

Je l'attends; il devrait être ici.
Monlor qui se doutait de quelque perfidie,
A suivi le porteur du billet pour Sophie;
Le porteur convaincu, déclare qu'en secret
Il devait à vous seul remettre le billet,
Montrer de l'embarras et quelque inquiétude
Après...

MUREL.

Oui je conçois, il s'en fit une étude.

LINCOLN.

Nous obtiendrons sa main.

MUREL.

Avant de l'accorder,
Sophie entre eux encor pourra se décider.

LINCOLN.

Tout ici du marquis prouve la perfidie,
Il craint les vifs refus de milord, de Sophie,
Il craint quelques rivaux, et pour les écarter,
Pour obtenir Sophie il ose tout tenter.

VERTON.

Et vous la condamniez, milord! Et l'on oublie
Qu'il ne parla jamais qu'en public à Sophie.

SCENE IV.

LES MÊMES; MONLOR.

LINCOLN.

Monlor confirmera mes récits.

MONLOR.

Oui, monsieur,
Du billet avec moi j'amène le porteur.
Vous faut-il maintenant une preuve plus claire?

MUREL, *à Sophie qui lui baise la main.*
Ma fille !

SOPHIE.
A ses bontés je reconnais mon pere.

MONLOR.
J'ai dit la vérité ; je la dirai encor ;
Je la dois au public, à Lincoln, à milord,
A vous, à l'innocence opprimée et séduite.
Floriman va venir, souffrez que je l'évite.
(*d'un air honteux.*)
Il m'avait fait placer.

LINCOLN, *vivement.*
Il devrait en rougir.
Crut-il vous obliger ? ou crut-il vous punir ?
Ce prix, cet ornement de la vertu guerriere
(*montrant la Croix de St.-Louis.*)
Devrait-il décorer un emploi mercénaire ?

SOPHIE.
S'il eût eu du mérite, il se fut empressé
De connaître le vôtre ; il l'eût récompensé.
Qui l'outrage ou le fuit en manque d'ordinaire.

LINCOLN.
Que mon fils près de vous retrouve un second frere !
Nous serons trop heureux, milord, Sophie et moi.

MUREL, *à Monlord.*
J'aime à vous témoigner l'honneur que j'en reçoi.

LINCOLN.
Embrassons-nous, milord. Mon plaisir va s'acraitre.
Par celui que j'aurai de confondre ce traître.
Nous le verrons bientôt comme ses faux amis,
Accourir près de nous plus rampant, plus soumis.
Qu'un moment à la cour change nos destinées !
Les marques de faveur qu'on vous a témoignées
Feront revivre encor dans leurs cœurs corrompus,
Vos vertus, vos talens dont on ne parlait plus.
Ils vous rechercheront avec un soin extrême.
Sur le bruit de sa chûte en usaient-ils de même ?
Commencent-ils enfin à le connaître mieux ?

Est-il plus honnête homme ! est-il plus vertueux !
Ces gens, si sa faveur pouvait encor s'accraître,
Ces gens l'adoreraient; mais je le vois paraître.
Imitez-moi, milord, faites-lui supporter
Tout le poids du mépris qu'il vient de mériter.
En public hardiment montrons son artifice.
Plus on est vertueux, et plus on hait le vice.

SCENE V.

FLORIMAN, LINCOLN, MUREL, SOPHIE, VERTON.

FLORIMAN, *en entrant.*

Allons, payons d'audace, en cette extrémité.

LINCOLN.

Viens exalter tes soins et ta fidélité.
Reconnaissez, milord, un ami dont le zele,
Fait prendre à vos destins une face nouvelle.

FLORIMAN.

On sait qu'à m'accuser vous avez intérêt.
De mon zele aujourd'hui, milord a vu l'effet.

SOPHIE.

Qu'il en coûte à son cœur d'abjurer l'artifice!

LINCOLN.

On ne saurait payer ton important service;
Et je crains que milord, instruit de ses effets,
Ne se trouve hors d'état de s'acquitter jamais.

FLORIMAN, *à Murel.*

Plus vous me connaîtrez, plus mon zele sincere...

LINCOLN.

Voyez comme il voudrait se rendre nécessaire;
Comme il cherche toujours à se faire valoir.
Mais tel est à la cour sans crédit, sans pouvoir,
Qui veut paraître agir, ou par reconnaissance,
Ou pour prendre le ton d'un homme d'importance.

FLORIMAN, *à Murel.*

Daignez...

MUREL.

Je vous connais, et sais ce que je doi
A ces soins empressés que vous montrez pour moi.
Tout autre moins instruit hésiterait peut-être.

LINCOLN.

Tout autre devant nous rougirait de paraître.

FLORIMAN, *à Murel.*

Si les soins que j'ai pris vous touchent un moment,
Je me crois trop payé d'un long attachement.
Agréez cependant que dans cette journée
Je réclame la foi que vous m'aviez donnée.
J'ai dû pour vous servir retarder mon bonheur.

(*à Sophie.*)

Vous me le permettiez ; vous connaissez mon cœur,
Ce cœur, ces soins constans, cet amour qu'on m'envie,
Qui les oblige encor, quand on me calomnie.

(*à Murel.*)

D'autres pourront me nuire avec même fureur.
Je le crains.

SOPHIE.

A quel point il porte la noirceur !

MUREL.

Du choix de son époux je la laissais maîtresse.
J'y consentis jadis, ignorant sa tendresse.
Votre lettre m'instruit ; et je persiste encor.

LINCOLN.

Vous laisserez Sophie arbitre de son sort ?

FLORIMAN.

Auprès d'elle en secret l'amour me justifie.

VERTON.

C'en est fait, et je dois renoncer à Sophie.

LINCOLN.

Y pensez-vous milord ?

Comédie.
(*à Sophie.*)
Oserez-vous aimer
Un mortel qu'aprésent vous cessez d'estimer.
SOPHIE.
Je n'abuserai point du pouvoir qu'on me laisse.
La raison dans mon cœur en bannit la tendresse,
Verton, si cet amour trop indigne de moi,
Ne vous empêche point de recevoir ma foi ;
Si vous pouvez compter sur un retour sincere,
Je vais répondre enfin aux bontés de mon pere;
Et vous offrant un cœur plus sensible à vos fœux,
Chercher à m'acquitter de vos soins généreux.

(*à Floriman.*)
D'après votre conduite, à nos yeux démasquée,
En faveur de Verton je me suis expliquée,
Et le plus froid mépris, par un juste retour,
Est le seul sentiment qu'on doive à votre amour.
VERTON.
Cet excès de bontés augmente ma tendresse.
LINCOLN.
Je ne puis contenir une vive allégresse.
Ai-je pour t'accuser d'assez justes sujets ?
Connaissons-nous ton zele ? en voit-on les effets ?
Monsieur l'ami de cour, on sait les bons offices
Dont vous et vos pareils vous payez les services.
Vous me rendiez suspect au plus juste des rois ;
Vous trahissiez milord pour avoir ses emplois ;
Vous la deshonoriez.

FLORIMAN.
Je mérite leur haine.
Le roi va tout savoir et ma perte est certaine.
(*haut.*)
Je ne vous cache point que des rivaux jaloux,
Pour avoir vos emplois, conspiraient contre vous,
Que Cléonte, Lindor, Damis...
MUREL.
Cessez, de grace,
Loin de nous à jamais que leur crime s'efface,

FLORIMAN.

Rendez-moi donc justice, et loin de m'imputer
La rupture d'un nœud qui devait me flatter,
Que le roi désirait....

MUREL.

Vous craignez ma vengeance.
Plus que vos procédés, cette crainte m'offense.
J'aurais trop à rougir qu'on me crut envers vous
Les mêmes sentimens que vous montriez pour nous.
Laissez-moi me cacher le nom de ces perfides
Qui paraissaient m'aimer, que vous preniez pour guides.
Quand vous les secondiez, pour vous justifier
Il est honteux marquis, de les sacrifier.
Leur crime ajoute au vôtre, et comble notre outrage.
Si le roi s'intéresse à votre mariage,
A vous nuire empressés, assez d'autres sans moi,
De votre procédé vont instruire le roi.
Craignez de perdre enfin sa faveur, ses largesses.

(*Floriman sort.*)

LINCOLN.

Qu'ici pour parvenir on commet de bassesses !
Tous ces grands comme lui dédaigneux, arrogans,
S'ils ont besoin de nous sont souples et rampans.

MUREL.

Il nous jurait, ma fille, une amitié sincere.
Voilà de ses pareils la conduite ordinaire.
Ingrats dans l'infortune, amis dans le bonheur,
L'épreuve tôt ou tard dévoile leur noirceur.

(*à Lincoln.*)

Mes désirs sont comblés, et la main de Sophie
Va resserer encor l'amitié qui nous lie.
Que ne puis-je à tous deux montrer également
Et ma reconnaissance et mon attachement !
Si mon crédit pour vous...

LINCOLN.

Dans mon ancien azile
Je vais vivre ignoré pour vivre plus tranquille.
Ce rang et ces emplois si brigués, si promis,
Attirent des flatteurs, et jamais des amis.
Comme un dépôt sacré, jadis j'ai su les rendre,

Et j'appris de bonne heure à ne point en dépendre.
Loin du palais des rois, ne peut-on être heureux?
Le bruit de vos malheurs me retint dans ces lieux.
J'y venais pour Verton. Je crus par ma présence,
Du perfide marquis hâter la négligence.
J'eusse été satisfait de pouvoir vous servir;
Je le suis maintenant de pouvoir les unir.
Votre amitié pour moi sera toujours nouvelle;
J'y répondrai toujours avec le même zele.
Qui servit ses amis, dans leur adversité,
Les cultive hardiment dans leur prospérité.

(*à Verton.*)

Tu vas être placé dans un rang honorable,
Sois plus que grand seigneur; sois un homme estimable.

FIN.

www.ingramcontent.com/pod-product-compliance
Lightning Source LLC
LaVergne TN
LVHW020958090426
835512LV00009B/1937